Berechnungsmethoden des Produktionspotenzials

Europäische Hochschulschriften
Publications Universitaires Européennes
European University Studies

Reihe V
Volks- und Betriebswirtschaft

Série V   Series V
Sciences économiques, gestion d'entreprise
Economics and Management

Bd./Vol. 3292

PETER LANG
Frankfurt am Main · Berlin · Bern · Bruxelles · New York · Oxford · Wien

Steffen Walther

Berechnungsmethoden des Produktionspotenzials

Darstellung und Kritik

PETER LANG
Internationaler Verlag der Wissenschaften

Bibliografische Information der Deutschen Nationalbibliothek
Die Deutsche Nationalbibliothek verzeichnet diese Publikation
in der Deutschen Nationalbibliografie; detaillierte bibliografische
Daten sind im Internet über <http://www.d-nb.de> abrufbar.

ISSN 0531-7339
ISBN 978-3-631-57205-4

© Peter Lang GmbH
Internationaler Verlag der Wissenschaften
Frankfurt am Main 2007
Alle Rechte vorbehalten.

Das Werk einschließlich aller seiner Teile ist urheberrechtlich geschützt. Jede Verwertung außerhalb der engen Grenzen des Urheberrechtsgesetzes ist ohne Zustimmung des Verlages unzulässig und strafbar. Das gilt insbesondere für Vervielfältigungen, Übersetzungen, Mikroverfilmungen und die Einspeicherung und Verarbeitung in elektronischen Systemen.

www.peterlang.de

Vorwort

Ich gebe zu, dass der Titel des Buches einen am Thema nicht direkt Interessierten eher abschreckt als anlockt. Die Berechnungsmethoden des Produktionspotentials und damit der Größenordnung der Lücke zwischen diesem und der tatsächlichen Produktion enthalten jedoch gefährlichen wirtschaftspolitischen Sprengstoff. Die von den Verantwortungsträgern jeweils getroffene Methodenwahl beeinflusst in starkem Maße den Kurs der Geld-, Steuer- und Ausgabenpolitik.

Bei allen Methoden geht es darum, eine Antwort auf die Frage zu finden, ab welcher Größenordnung des Produktions- und Beschäftigungswachstums Inflationsgefahren drohen und restriktive geld- oder haushaltspolitische Maßnahmen eingeleitet werden müssen. Aus den verschiedenen Berechnungsmethoden ergeben sich unterschiedlich hohe Schätzungen für das Produktionspotential und die Produktionslücke. Von diesen Werten hängt es ab, ob die Wirtschaftspolitik z.B. einen Konjunkturaufschwung schon in seiner Frühphase oder erst bei einer Annäherung an die Vollbeschäftigung drosselt und wie viel eines bestehenden Haushaltsdefizits auf die Konjunkturlage einerseits und auf strukturelle Faktoren andererseits zurückzuführen ist. Wird eine nur kleine Produktionslücke geschätzt, wird auch der Anteil des konjunkturellen Defizits, der in einem Aufschwung automatisch verschwindet, gering ausgewiesen und derjenige des strukturellen Defizits (als Restgröße) entsprechend hoch. Weil die strukturellen Defizite durch Sparmaßnahmen und Steuererhöhungen möglichst auf null reduziert werden müssen, zeigt sich in diesem Fall ein großer Sanierungsbedarf für die öffentlichen Haushalte. Wenn dies aber das Resultat einer Berechnungsmethode ist, die die Produktionslücke unterschätzt, finden Steuererhöhungen und Haushaltskürzungen statt, die nicht notwendig sind und den Konjunkturaufschwung bremsen.

Das Produktionspotential ist eine fiktive Größe, nämlich die maximal mögliche gesamtwirtschaftliche Produktion, die mit den vorhandenen Arbeitskräften und Sachkapitalbeständen in Zukunft erzeugt werden kann, ohne dass ein inflationärer Druck entsteht. Sein Wachstum hängt vor allem von den Produktivitätszuwächsen ab. Wenn die Arbeitslosigkeit hoch und die Kapazitätsauslastung des Produktionsapparats niedrig sind oder der Produktionsapparat wegen unzureichender Investitionen kaum wächst, dann liegt eine Produktionslücke vor, d.h. die Volkswirtschaft könnte ohne Gefährdung der Preisstabilität mehr produzieren und dadurch mehr Wohlstand und weniger Arbeitslosigkeit schaffen.

Bei der ursprünglichen Anwendung des Konzepts mit dem Amtsantritt von Präsident John F. Kennedy in den USA 1961 wurden das Produktionspotential und die Produktionslücke vor allem aus den in der damaligen Konjunkturkrise vorhandenen Arbeitskraftreserven und einer Schätzung des Zuwachses der Arbeitsproduktivität berechnet. Dabei wurde berücksichtigt, dass eine Erhöhung der Investitionstätigkeit im Konjunkturaufschwung nicht nur Engpässe beim Sachkapitalbestand verhindern, sondern auch die Zuwachsrate der Arbeitsproduktivität erhöhen würde. Die daraus abgeleitete Wirtschaftspolitik kurbelte die gesamtwirtschaftliche Nachfrage zwecks Ausschöpfung des Produktionspotentials an, wobei Steuererleichterungen zur Förderung privater Investitionen einen zentralen Stellenwert erhielten. Das Wirtschaftswachstum fasste wieder Tritt, 1964 und 1965 waren die Vollbeschäftigung ohne Verlust der Preisstabilität wiederhergestellt und die rezessionsbedingten Defizite der öffentlichen Haushalte trotz der Steuererleichterungen für private Investitionen sowie Einkommensteuersenkungen und trotz der Ausgabensteigerungen zur Ankurbelung der Nachfrage verschwunden.

Wie der Volkswirt Steffen Walther in seiner von mir an der FU Berlin betreuten Diplomarbeit darstellt, haben die heute aktuellen Berechnungsmethoden des Produktionspotentials und der Produktionslücke nur noch wenig Ähnlichkeit mit dem damals vor allem von Arthur Okun entwickelten und von der US-Wirtschaftspolitik erfolgreich angewandten Konzept. Ein Unterschied liegt darin, dass die Kapazitätsauslastung des Sachkapitalbestands einen höheren Stellenwert erhalten hat als die Auslastung des Arbeitskräftepotentials und dass die Möglichkeit einer Erweiterung des Produktionsapparats durch eine Ankurbelung der Investitionstätigkeit in den Schätzmethoden nicht erfasst wird. Im Gegenteil, die trendmäßige Entwicklung des Sachkapitals und der Produktivität der beiden Produktionsfaktoren in der Vergangenheit, auch wenn diese mit geringem Wirtschaftswachstum und steigender Arbeitslosigkeit verbunden war, wird bei allen Unterschieden im Detail zur Grundlage der Vorausschätzung des Produktionspotentials gemacht. Das geschieht unter der neoklassischen Annahme, dass die tatsächlichen Zuwachsraten stets nahe bei den maximal möglichen liegen. Daraus folgt, dass die Produktionslücke nach Jahren relativer Stagnation trotz hoher Arbeitslosigkeit stets klein geschätzt wird. Dementsprechend greift die Geldpolitik im Konjunkturaufschwung relativ frühzeitig zu restriktiven Maßnahmen und die Haushaltspolitik zu Sparmaßnahmen und Steuererhöhungen, um ihre vermeintlich strukturellen Defizite auszugleichen.

Im aktuellen Konjunkturaufschwung in Deutschland haben wir genau dieses beobachten können, besonders bei den von der EZB seit Dezember 2005 durchgeführten Leitzinserhöhungen und der von der Bundesregierung 2006 beschlossenen Mehrwertsteueranhebung um drei Prozentpunkte. Dass diese Maßnahmen die Erfolglosigkeit der Wirtschaftpolitik in der Bekämpfung des seit Jahrzehnten steigenden Trends der Arbeitslosigkeit in Deutschland und im Euroraum beenden werden, ist wegen ihres dämpfenden Einflusses auf die Investitionen und den Konsum kaum zu erwarten.

Mir scheint, dass die aktuellen Berechnungsmethoden das Produktionspotential in Deutschland und im Euroraum systematisch unterschätzen und dadurch die Wiedergewinnung der Vollbeschäftigung unmöglich machen. Aber bilden Sie sich selbst ein Urteil, nachdem Sie diese sorgfältig recherchierte, gut strukturierte und im Stil leicht zugängliche Studie von Steffen Walther gelesen haben.

Berlin, im August 2007   Prof. Dr. Carl-Ludwig Holtfrerich

Inhaltsverzeichnis

Abbildungsverzeichnis   **11**

1 Einleitung   **13**

2 Das Produktionspotenzial - Theoretische Grundlagen und praktische Verwendung   **15**

  2.1 Das Produktionspotenzial aus wirtschaftstheoretischer Perspektive   17

  2.2 Die zeitliche Potenzialperspektive   20

  2.3 Produktionspotenzial und Wirtschaftspolitik   22
      2.3.1 Eine potenzialorientierte Geldpolitik   22
      2.3.2 Konjunktur- und Wachstumsanalyse   24
      2.3.3 Strukturelle Haushaltssalden   24
      2.3.4 Mittelfristige Wachstumsprognosen   25

3 Berechnungsmethoden des Produktionspotenzials im Überblick   **29**

  3.1 Unterscheidungsmerkmale   31

  3.2 Unternehmensbefragungen   33

  3.3 Univariate Verfahren   35
      3.3.1 Einfache Trendverfahren   35
      3.3.2 Statistische Filtermethoden   40
      3.3.3 Univariate Zustandsraummodelle mit unbeobachtbaren Komponenten   44
      3.3.4 Bewertung der univariaten Verfahren   46

  3.4 Multivariate Verfahren   49
      3.4.1 Produktionsfunktionsansatz   50
      3.4.2 Multivariate Zustandsraummodelle mit unbeobachtbaren Komponenten   51
      3.4.3 Strukturelle vektorautoregressive Modelle (SVAR)   53

4 Berechnungsmethoden des Produktionspotenzials im Euro-Raum — 57

- 4.1 Das kapitalstockorientierte Verfahren des Sachverständigenrates — 57
- 4.2 Die Berechnungsmethode der Europäischen Kommission mittels einer Cobb-Douglas-Produktionsfunktion — 61
- 4.3 Der nicht-parametrische Ansatz der Deutschen Bundesbank — 66
- 4.4 Empirische Schätzergebnisse für Deutschland — 68

5 Analyse und Kritik der ausgewählten Verfahren — 73

- 5.1 Kritische Betrachtung des Produktionsfunktionsansatzes — 76
- 5.2 Irrungen der Potenzialberechnung und Auswirkungen auf die Wirtschaftspolitik — 82
- 5.3 Ausblick auf alternative Ansätze zur Berechnung des Produktionspotenzials — 89

6 Schlussbetrachtung — 95

Danksagung — 97

A Anhang — 99

- A.1 Registrierte Arbeitslose und Arbeitslosenquote für Deutschland — 99
- A.2 Schätzergebnisse für Produktionslücke und Potenzialwachstum in Deutschland (1981 – 2010) — 100

Literaturverzeichnis — 101

Abbildungsverzeichnis

Abbildung 1: Peak-to-Peak-Verfahren mit BIP-Werten für
Deutschland (1991-2002) ... 36

Abbildung 2: Linearer deterministischer Trend durch die BIP-Werte
für Deutschland (1974-1998) ... 39

Abbildung 3: Hodrick-Prescott-Trend durch die BIP-Werte für
Brasilien (1980-2004) ... 42

Abbildung 4: Potenzielle und tatsächliche Kapitalproduktivität für
Deutschland (1970-2002) ... 59

Abbildung 5: Berechnung des Produktionspotenzials mit der
Methode der Europäischen Kommission ... 62

Abbildung 6: Produktionslücken für Deutschland mit ausgewählten
Schätzverfahren (1977-2006) ... 69

Abbildung 7: Produktionslücke und Potenzialwachstum für
Deutschland (Schätzungen der EU-Kommission zu
verschiedenen Zeitpunkten) ... 84

1 Einleitung

In der aktuellen wirtschaftspolitischen Diskussion ist häufig zu hören, dass sich die zahlreichen Problemfelder der deutschen Volkswirtschaft in einem schwachen Potenzialwachstum niederschlagen. Es wird behauptet, die Zunahme des so genannten Produktionspotenzials sei gegenwärtig im Vergleich zu anderen Industrienationen zu niedrig.

Ein gesamtwirtschaftliches Produktionspotenzial und die daraus abgeleitete Produktionslücke sind für volkswirtschaftliche Analysen zentrale Größen. Das Potenzialkonzept bezieht sich auf nachhaltig zur Verfügung stehende Angebotsmöglichkeiten und ist aufgrund vielfältiger Verwendungsmöglichkeiten aus ökonomischen Theorien, empirischer Wirtschaftsforschung und Wirtschaftspolitik kaum noch wegzudenken. Allerdings verwenden Zentralbanken, Sachverständigenrat und Europäische Kommission unterschiedlichste Methoden, um das Produktionspotenzial zu bestimmen. Die häufig genutzten empirischen Verfahren, wie univariate Filter-Ansätze, werfen die Frage auf, inwieweit sie überhaupt einem zukunftsgerichteten Potenzialkonzept gerecht werden können. Auch produktionsfunktionsbasierte Ansätze müssen sich der Frage stellen, ob das ermittelte Produktionsniveau die Wachstumschancen einer Volkswirtschaft ausreichend abbildet.

In dieser Arbeit sollen die theoretischen Annahmen, die Funktionsweise und die Datenanforderungen der vorherrschenden Ermittlungsmethoden für Produktionspotenzial und Potenzialwachstum kritisch analysiert werden. Aus den methodischen Stärken und Schwächen der Verfahren werden Rückschlüsse auf die Anwendbarkeit und Zweckmäßigkeit der verschiedenen Ansätze in der Wirtschaftspraxis gezogen. Interessant ist in diesem Zusammenhang vor allem die Wechselwirkung zwischen den empirischen Potenzialschätzungen der herkömmlichen Methoden und den wirtschaftspolitischen Einsatzgebieten. In einigen Teilen der Literatur wird der Verdacht geäußert, dass eine fragwürdige Wirtschaftspolitik der letzten Jahre, insbesondere in Deutschland und Europa, unter anderem durch Konstruktionsschwächen der verwendeten Potenzialberechnungsmethoden verursacht wurde. Diese Vermutung soll im Kritik-

und Diskussionsteil der Arbeit geprüft und die heute genutzten Methoden hinterfragt werden.

Der Aufbau der Arbeit ist wie folgt: Im nachstehenden Abschnitt werden zunächst die Grundlagen des Potenzialkonzepts aus theoretischer Sicht erörtert und die wichtigsten Verwendungsgebiete desselbigen in der Wirtschaftspolitik vorgestellt. In Kapitel 3 werden die unterschiedlichen Berechnungsmethoden des Produktionspotenzials erläutert. Hierbei werden grundsätzlich zwei Verfahrenstypen, die Univariaten und die Multivariaten, unterschieden. Da die grundlegenden Vor- und Nachteile der so kategorisierten Ansätze bereits an dieser Stelle aufgezeigt werden, beschränkt sich der folgende vierte Abschnitt auf die multivariaten Methoden. Dieses Kapitel erörtert die Berechnungsverfahren einiger wirtschaftspolitisch bedeutender Akteure detaillierter und präsentiert durch diese errechnete, empirische Ergebnisse für Deutschland. In Abschnitt 5 werden die Resultate der vorherigen Abschnitte diskutiert, wobei an einigen Stellen eine vertiefende Analyse notwendig wird. Dieser Teil soll unter anderem Raum für Kritik, unkonventionelle Konzepte und alternative Ansätze bieten. Kapitel 6 fasst zusammen und beinhaltet abschließende Bemerkungen.[1]

---

[1] In der Notation richtet sich die vorliegende Arbeit streng nach der Notation der zugrunde liegenden Papiere.

2 Das Produktionspotenzial - Theoretische Grundlagen und praktische Verwendung

Das Konzept des Produktionspotenzials findet sowohl in der ökonomischen Theorie, als auch in der empirischen Wirtschaftsforschung, vielfältige Anwendungsmöglichkeiten. Jedoch werden, trotz der weit verbreiteten Verwendung dieser Größe, die theoriegeschichtlichen Hintergründe und die dem Potenzialkonzept zugrunde liegenden Annahmen nur sehr selten transparent gemacht oder kritisch hinterfragt.[2] Aus diesem Grund sollen im folgenden Abschnitt die theoretischen Grundlagen des Potenzialkonzepts genauer untersucht werden. Für die anschließende Analyse der Berechnungsmethoden ist es erforderlich, zunächst zu definieren, wie der Begriff Produktionspotenzial in dieser Arbeit verwendet werden soll.

Üblicherweise wird Arthur M. Okuns Aufsatz „Potential GNP: Its Measurement and Significance" aus dem Jahr 1962 als Ausgangspunkt für die Konzeptentwicklung des Produktionspotenzials angesehen.[3] Okun definiert das Produktionspotenzial („potential output") als das gesamtwirtschaftliche Produktionsniveau, das in Annäherung an Vollbeschäftigung und Vollauslastung der Kapazitäten ohne Inflationsdruck erreichbar ist.[4] Das Konzept verbindet somit die Vorstellung der maximalen Produktionsmöglichkeiten mit dem Kriterium der inflationsstabilen Arbeitslosenquote, welches etliche Jahre später in der Ökonomie als NAIRU (Non-Accelerating Inflation Rate of Unemployment) bekannt wurde.

In Okuns Aufsatz wurde insbesondere das Verhältnis vom aktuellen Produktionsniveau Y zum Produktionspotenzial Y*, die so genannte Produktionslücke, diskutiert. Die Produktionslücke („output gap") entsteht durch Über- oder Unterauslastung der Produktionskapazitäten und lässt sich wie folgt darstellen:

---

[2] ZEW (2006a), S. 8.
[3] Vgl. exemplarisch Torres/Martin (1990), S. 129 oder Billmeier (2004), S. 5.
[4] Okun (1970), S. 132 f.

(1) $\quad$ Produktionslücke $= \dfrac{Y - Y^*}{Y^*}$

Das Produktionspotenzial unterscheidet sich nach Okun vom aktuellen Output, wenn die aggregierte Nachfrage nicht auf dem Niveau liegt, das mit einer inflationsneutralen Arbeitslosenquote einhergeht. Jede Volkswirtschaft kann vorübergehend durch Überstunden oder Verlängerung der Maschinenlaufzeiten auch höhere Nachfragen befriedigen. Allerdings führen Produktionsniveaus über dem Potenzial zur Überhitzung der Wirtschaft und Lohn- bzw. Preiserhöhungen sind die Folge.

Des Weiteren ist beim Konzept der Outputlücke die Dynamik der Effizienzprobleme zu beachten.[5] Der aktuelle Output von heute beeinflusst das Produktionspotenzial von morgen. So bleiben beispielsweise bei einer Unterauslastung mit niedrigeren Unternehmensgewinnen und Haushaltseinkommen auch die zukunftswirksamen Investitionen hinter dem Vollbeschäftigungsniveau zurück.

---

[5] Vgl. Sieg (2004), S. 538 und ZEW (2006a), S. 12.

2.1 Das Produktionspotenzial aus wirtschaftstheoretischer Perspektive

Wie bereits erwähnt, stellt das Produktionspotenzial eine zentrale Referenzgröße in wirtschaftswissenschaftlichen Theorien dar. Die enorme Bedeutung des Konzepts erwächst unter anderem daraus, dass die aktuelle wirtschaftliche Situation vom Produktionspotenzial ausgehend analysiert wird.

Okuns Potenzialoutput basiert auf den Zinslückentheorien, die in Anlehnung an K. Wicksell und J.M. Keynes während der späten 1920er und frühen 30er Jahren entwickelt wurden.[6] Gemäß diesen Theorieansätzen weichen Marktzinsen regelmäßig von dem Niveau ab, das nachhaltig mit inflationsfreier Vollbeschäftigung und Vollauslastung der Produktionskapazitäten verbunden wäre. Somit entstehen „Zinslücken", die zu Divergenzen von aggregierter Nachfrage und aggregiertem Angebot führen. Diese Abweichungen erzeugen wiederum Inflations- und Produktionslücken.

Im Anschluss an die Entstehung des Potenzialkonzepts sind die makroökonomischen Lehrmeinungen ähnlich auffällig hin und her gependelt, wie die Inflationsraten und die Wachstumsraten des volkswirtschaftlichen Einkommens in den USA und in Europa. Bedingt durch die historische Entwicklung der ökonomischen Theorien, die häufig auch durch die empirisch beobachteten Schwankungen der realwirtschaftlichen Aktivität beeinflusst wurden, existieren heutzutage unterschiedliche Ansichten und Konzepte bezüglich Produktionspotenzial und Produktionslücke.

Bei einer stark vereinfachten Betrachtung der wirtschaftstheoretischen Diskussion können zwei Potenzialkonzepte unterschieden werden. Das erste Konzept folgt dem *keynesianischen Ansatz* der Makroökonomie und erklärt Abweichungen des aktuellen Produktionsniveaus vom Potenzial durch gesamtwirtschaftliches Marktversagen und fordert daher die staatliche Steuerung der aggregierten Nachfrage.[7] Nach diesem Ansatz

---

[6] Die folgenden Ausführungen richten sich nach ZEW (2006a).
[7] Vgl. Scacciavillani/Swagel (2002), S. 946 und EZB (2000), S. 40.

ist der Konjunkturzyklus vor allem auf Veränderungen der aggregierten Nachfrage zurückzuführen, da das gesamtwirtschaftliche Angebot im Verhältnis zur Nachfrage träge reagiert. In Abschwungphasen ist davon auszugehen, dass die vorhandenen Produktionsfaktoren nicht vollständig ausgenutzt werden. Insbesondere die Arbeitslosenquote befindet sich über ihrem natürlichen Level und es wird kein Inflations- oder Lohnsteigerungsdruck ausgelöst. Die Bestimmung des Produktionspotenzials, der Produktionslücke und ihrer Veränderungsraten ist somit ausschlaggebend für eine nachfrageseitige Wirtschaftspolitik.

Dem zweiten Potenzialkonzept liegt der *neoklassische Ansatz* zugrunde. Hier wird dem Staat tendenziell inflationstreibendes Fehlverhalten unterstellt und rigorose Selbstbindung der Geld- und Fiskalpolitik gefordert. Die Abweichung der aktuellen Produktion vom Produktionspotenzial ist auf exogene Produktivitätsschocks zurückzuführen. Es handelt sich bei der Produktionslücke um temporäre Schwankungen, die durch Anpassungsprozesse der rationalen Wirtschaftssubjekte an die unerwarteten angebotsseitigen Entwicklungen auftreten. Als ein solcher Anpassungsprozess kann beispielsweise das Umlenken von Investitionsströmen und die Neukoordinierung der Ressourcen verstanden werden. Bei diesem Ansatz fluktuiert das tatsächliche Produktionsniveau um das Produktionspotenzial, allerdings sind keine starken oder gar anhaltenden Abweichungen zwischen diesen beiden Größen zu erwarten.

Im Gegensatz zum keynesianischen Ansatz, der von der Annahme ausgeht, dass die Wirtschaftsdynamik einer Ökonomie über einen längeren Zeitraum hinter dem Potenzial zurückbleiben kann, ist in der Neoklassik das potenzielle Wachstum der Produktion gleich dem Trendwachstum des aktuellen Outputs. Allerdings werden in anderen makroökonomischen Theorien verschiedene Teilaussagen dieser beiden Positionen verbunden und ausgewogenere Schlussfolgerungen gezogen.

Aufgrund der Vielfalt der ökonomischen Lehrmeinungen soll an dieser Stelle die theoretische Diskussion der unterschiedlichen Konzepte des Produktionspotenzials nicht weiter vertieft werden. Es wäre allerdings erfreulich, wenn die wissenschaftliche Literatur in Zukunft ihr Augenmerk wieder stärker auf diesen Aspekt richten würde, da nur selten erörtert wird, welches Potenzialkonzept bzw. welcher makroökonomische Ansatz den Berechnungen zu Grunde liegt. In dieser Arbeit werden jedoch die Konstruktionsweise der Berechnungsmethoden für Produktionspotenzial und Produktionslücke, der Anwendungsbezug und die zu erwartenden Schätzergebnisse im Vordergrund stehen. Im Anschluss daran sollen weniger die theoretischen Verwicklungen, sondern die Auswirkungen auf die Wirtschaftspolitik thematisiert werden.

2.2 Die zeitliche Potenzialperspektive

Das Konzept des Produktionspotenzials kann nicht nur aus der Perspektive der einzelnen theoretischen Ansätze, sondern auch über variierende zeitliche Perspektiven erörtert werden. Es ist demzufolge möglich, dass je nach Kontext und Verwendungszweck eine andere Analysefrist gewählt und somit auch der Potenzialoutput unterschiedlich aufgefasst wird. Die Entscheidung, das Potenzialkonzept aus der kurz-, mittel- oder langfristigen Perspektive zu betrachten führt zu abweichenden Ansichten darüber, welche Größen das Produktionspotenzial verändern und welche konstant zu halten sind. Im Folgenden wird eine mögliche Sichtweise aus der Generaldirektion der Europäischen Kommission für Wirtschaft und Finanzen (DG ECFIN) zum Thema Produktionspotenzial und Fristen vorgestellt:[8]

Auf kurze Sicht, das heißt weniger als ein Jahr, sind die physischen Produktionskapazitäten einer Volkswirtschaft im Grunde als fix anzusehen. Deshalb gibt die Analyse der Produktionslücke in der kurzen Frist Aufschluss darüber, wie weit sich die aggregierte Nachfrage verändern kann, ohne auf angebotsseitige Beschränkungen zu stoßen und inflationären Druck auszulösen.

Aus mittelfristiger Perspektive, genauer über die nächsten fünf Jahre, kann die Ausweitung der Binnennachfrage die für ihre eigene Unterstützung notwendigen Produktionskapazitäten endogen generieren. Voraussetzung hierfür ist, dass dies von einem starken Investitionsanstieg unterstützt wird. Die Wahrscheinlichkeit erhöht sich noch, wenn die Entwicklung mit hoher Rentabilität und adäquater Lohnentwicklung im Verhältnis zur Arbeitsproduktivität einhergeht.

In der langfristigen Analyse, über einen Zeithorizont von zehn Jahren und länger, geht es vorwiegend um den Vollbeschäftigungsoutput. Das Produktionspotenzial ist in diesem Fall noch stärker an die zukünftige technische Entwicklung bzw. die totale Faktorproduktivität und die voraussichtliche Wachstumsrate des Arbeitskräftepotenzials gekoppelt.

---

[8] Vgl. Denis/Mc Morrow/Röger (2002), S. 3 und Denis et al. (2006), S. 5.

Ähnlich wie bei der theoretischen Fundierung des Potenzialkonzepts, wird die zeitliche Perspektive des Produktionspotenzials in der Literatur nur selten und wenig hinreichend diskutiert. Dennoch werden in der empirischen Praxis eindeutig bestimmte sowie genau definierte Potenzialzahlen mit großer Selbstverständlichkeit genannt und für die weitere wirtschaftspolitische Entscheidungsfindung verwendet. Im weiteren Verlauf der Arbeit wird deutlich werden, dass diese Selbstverständlichkeit angesichts der Merkmale gängiger Berechnungsmethoden nicht ohne weiteres nachvollziehbar ist.

2.3 Produktionspotenzial und Wirtschaftspolitik

Die große Bedeutung des Produktionspotenzials für die gesamtwirtschaftliche Analyse ergibt sich aus der Vielfalt an möglichen Einsatzgebieten in der Praxis. Insbesondere die Produktionslücke und das Potenzialwachstum, das heißt die Wachstumsrate des Produktionspotenzials, werden in zahlreichen Bereichen der quantitativen Wirtschaftsforschung und der Politikberatung verwendet. Die vier wichtigsten Anwendungsgebiete des Potenzialkonzepts sind die Folgenden:[9]

- Bestimmung einer angemessen Geldpolitik
- Konjunktur- und Wachstumsanalyse
- Feststellung und Einschätzung konjunktureller Einflüsse auf den öffentlichen Haushalt
- Mittelfristige Wachstumsprognosen des Bruttoinlandsproduktes

In diesem Abschnitt soll die Verwendung und Bedeutung des Produktionspotenzials in diesen praktischen Einsatzfeldern überblicksartig vorgestellt werden. Hierbei wird, insbesondere bei den Ausführungen zur Geldpolitik, das Hauptaugenmerk auf Europa bzw. den Euro-Raum gerichtet. Die vielfältigen und recht gegensätzlichen Verwendungsmöglichkeiten deuten darauf hin, dass der Begriff bzw. das Konzept Produktionspotenzial auch in der Wirtschaftspraxis auf verschiedenste Art und Weise interpretiert und ausgelegt wird.

2.3.1 Eine potenzialorientierte Geldpolitik

Die stabilitätsorientierte geldpolitische Strategie der Europäischen Zentralbank (EZB) aus dem Jahr 1998 basiert auf zwei Säulen. Mit ihrer Hilfe soll Preisstabilität im Euro-Währungsgebiet sowie eine entsprechend angemessene Liquiditätsversorgung sichergestellt werden.[10] Beide Säulen der Strategie orientieren sich unter anderem an der Entwicklung des Produktionspotenzials.

---

[9] Saputelli/Neff (2005), S. 10 und ZEW (2006a), S. 106 ff.
[10] Vgl. EZB (1999), S.51 ff.

Zum einen kommt der Geldmenge eine besondere Bedeutung zu und es wird ein Referenzwert für das Wachstum der weit gefassten Geldmenge M3 bekannt gegeben. Bei dieser *ersten Säule* ist die Schätzung des Produktionspotenzials, neben der quantitativen Festlegung der Preisstabilität durch die EZB und einer Schätzung der trendmäßigen Verlangsamung oder Beschleunigung der Geldumlaufgeschwindigkeit, ein Faktor in der Berechnung des Referenzwertes.[11]

Die *zweite Säule* der geldpolitischen Strategie besteht aus einer breitfundierten Beurteilung der Aussichten für die Preisentwicklung. Zu diesem Zweck werden unterschiedliche makroökonomische Indikatoren analysiert. So können unter anderem auch das Potenzialwachstum und die Produktionslücke nützliche Anhaltspunkte dafür liefern, mit welchem Inflationsdruck auf kurze bis mittlere Frist zu rechnen ist. Ein steigender Kapazitätsauslastungsgrad deutet auf einen zunehmenden Inflationsdruck hin. In der Regel reagiert die Zentralbank auf eine Inflationsgefahr mit einer restriktiven Geldpolitik, welche wiederum zu konjunktureller Abkühlung führen soll. Insbesondere die Verwendung der Produktionslücke in der zweiten Säule verschafft ihr eine Schlüsselrolle bei der Inflationssteuerung.

Die große Bedeutung des Produktionspotenzials für die Geldpolitik kommt nicht zuletzt durch dessen Berücksichtigung in der viel diskutierten Taylor-Regel zum Ausdruck. Diese gibt die grobe Richtung für die Geldpolitik vor und wird von den Zentralbanken unterschiedlich strikt verwendet.[12] Die Taylor-Regel ist hierbei auch für das zweite Mandat einer Zentralbank, die allgemeine Wirtschaftspolitik bei der Erreichung der festgelegten Ziele zu unterstützen, von Bedeutung. Die EZB hat dies zwar auf ihrer Agenda, jedoch soll die Hauptaufgabe der Preisstabilitätssicherung nicht gefährdet werden.[13] Die zu berücksichtigenden erklärten Wirtschaftsziele der Europäischen Gemeinschaft sind ein hohes Beschäftigungsniveau, nachhaltiges und inflationsfreies Wachstum, ein hoher

---

[11] Diese Ausführungen richten sich nach Weyerstraß (2001), S. 5 und EZB (2000), S. 39.
[12] Vgl. Taylor (1993) und überblicksartig Billmeier (2004), S. 6.
[13] EZB (2004), S. 9 f.

Grad an Wettbewerbsfähigkeit und Konvergenz der ökonomischen Leistung.

2.3.2 Konjunktur- und Wachstumsanalyse

Produktionspotenzial und Produktionslücke sind ebenfalls elementare Größen hinsichtlich der Beurteilung der konjunkturellen Lage und der Identifizierung von konjunkturellen Zyklen.[14] Von einem Konjunkturaufschwung wird bei der Konjunkturdiagnose in der Regel dann gesprochen, wenn sich die Produktionslücke schließt, in anderen Worten, die tatsächliche Produktion stärker wächst als das Produktionspotenzial. Im Umkehrschluss liegt demzufolge bei einer sich vergrößernden Produktionslücke ein Konjunkturabschwung vor.

Eine Wirtschaft kann sich folglich nach dieser Definition auch bei positiven Wachstumsraten in der Rezession befinden. Dieses Phänomen tritt auf, wenn die Kapazitäten stark unterausgelastet sind und das BIP-Wachstum kleiner als das Potenzialwachstum ist. Aus diesem Grund ist es stets ratsam, bei der Konjunkturanalyse die Größe der Outputlücke sowie die tatsächliche und potenzielle Wachstumsrate zu betrachten.

Die politischen Akteure ermitteln Konjunkturschwankungen und die tendenzielle Wachstumsdynamik, um den wirtschaftlichen Handlungsbedarf einschätzen zu können. Ähnliche Überlegungen spielen auch im nächsten Absatz bei den strukturellen Haushaltssalden eine Rolle.

2.3.3 Strukturelle Haushaltssalden

Da die konjunkturelle Lage der Wirtschaft die staatlichen Einnahmen und Ausgaben beeinflusst, hat die Potenzialanalyse auch einen direkten Einfluss auf die öffentlichen Haushalte. In einer Aufschwungphase kann der Staat höhere Einnahmen erzielen, während sich die Wachstumsrate der Ausgaben verringert.[15] Im Gegensatz hierzu steigen die Staatsausga-

---

[14] Vgl. Sieg (2004), S. 538 f.
[15] Njuguna/Karingi/Kimenyi (2005), S. 1.

ben im Abschwung stärker und die Einnahmen gehen zurück. Die Produktionslücke wird nun als Grundlage zur Einschätzung und Bestimmung von konjunkturellen Einflüssen auf den Staatshaushalt verwendet. Der Haushaltssaldo wird um konjunkturelle Schwankungen bereinigt. Dies geschieht, indem die Einnahmen und Ausgaben ermittelt werden, die der Staat erreichen würde, wenn das aktuelle BIP dem Produktionspotenzial entspräche.

In den meisten EU- und OECD-Staaten dient dieser konjunkturbereinigte Haushaltssaldo zur Bestimmung des strukturellen Budgetdefizits.[16] Sollte die Entwicklung dieses grundsätzlichen strukturellen Defizits tendenziell in Richtung nicht aufrechtzuhaltender Staatsverschuldung weisen, ist dies ein klarer Hinweis auf die Notwendigkeit, Anstrengungen und spezielle politische Maßnahmen einzuleiten, um dem Trend entgegenzuwirken. Der konjunkturbereinigte Haushalt dient den Regierungen zur Bestimmung der automatischen Stabilisatoren, ist ein Indikator für den fiskalpolitischen Kurs und bietet einen Maßstab für den Grad der Haushaltskonsolidierung.

2.3.4 Mittelfristige Wachstumsprognosen

Im vierten praktischen Einsatzbereich der Potenzialschätzungen handelt es sich um mittelfristige Wachstumsprognosen des tatsächlichen Bruttoinlandsprodukts. Die ermittelten Potenzialwerte der gesamtwirtschaftlichen Produktion und die Potenzialwachstumsraten werden hier zur vorausschauenden Abschätzung des tatsächlichen Wachstums verwendet.

Unter anderem hat eine Studie des ZEW aus dem Jahr 2006 verschiedene gängige Potenzialberechnungsmethoden hinsichtlich ihrer Eignung für mittelfristige BIP-Wachstumsprognosen überprüft.[17] Dieser Test erfolgte in Form einer „Out-of sample" Trefferanalyse, die für zurückliegende Zeitpunkte BIP-Prognosen erstellt und mit den tatsächlichen Realisatio-

---

[16] Vgl. Giorno et al. (1995), S.168 und 191 ff. Dieser Aufsatz enthält empirische Schätzungen des strukturellen Budgetdefizits der OECD-Staaten (1987-1996).
[17] Vgl. ZEW (2006a), S. 106-113.

nen vergleicht. Als Ergebnis dieser Analyse konnte insbesondere dem Produktionsfunktionsverfahren[18], zumindest für die in der Studie untersuchten Zeiträume des Trendwachstums des deutschen Bruttoinlandsprodukts, eine gute Praxistauglichkeit zur Erstellung mittelfristiger Prognosen bescheinigt werden. „Mittelfristig" bezog sich im Projekt des ZEW auf Fünf-Jahresprognosen. Das Congressional Budget Office (CBO) in den USA verwendet seine Produktionspotenzialschätzungen hingegen für Zehn-Jahresprojektionen.[19]

Es stellt sich die Frage, warum das Produktionspotenzial für Prognosen des tatsächlichen BIP verwendet werden kann. Wenn wir uns auf die Definition der Potenzialgröße nach Okun besinnen, würde dies bedeuten, dass der Output einer Volkswirtschaft mittelfristig stets dem Produktionspotenzial gleicht und folglich unter Vollbeschäftigung und Vollauslastung der Kapazitäten erzeugt wird. Die Frage, ob sich die Realität so darstellt, kann wohl nur in einer ausführlichen theoretischen und empirischen Debatte beantwortet werden. An dieser Stelle soll die Anmerkung genügen, dass dies vor dem Hintergrund einer anhaltend hohen Arbeitslosigkeit in Deutschland und in Europa, während der letzten Dekaden, höchst zweifelhaft erscheint.[20]

Die Tatsache, dass Potenzialschätzungen der gesamtwirtschaftlichen Produktion dennoch für Wachstumsprognosen verwendet werden, ist vielmehr auf die heute üblichen Berechnungsmethoden des Produktionspotenzials zurückzuführen. So geht beispielsweise die Deutsche Bundesbank bei ihrem Ansatz von der Annahme aus, dass die Produktionslücke im Durchschnitt des Schätzzeitraumes stets Null beträgt[21], obwohl unter anderem die Arbeitslosenquote in Deutschland im Zeitraum von 1991 bis 2005 stetig angestiegen ist.

Ähnliche Annahmen und Modellierungen werden in den folgenden Abschnitten eine große Rolle spielen. Es sollen nun die verschiedensten

---

[18] Vgl. Abschnitt 3.4.1.
[19] CBO (2004), S. 1.
[20] Vgl. Anhang A.1 für die Arbeitslosenquote Deutschlands seit 1982.
[21] Vgl. Abschnitt 4.3.

Verfahren zur Schätzung des Produktionspotenzials bzw. des Potenzialwachstums vorgestellt und kritisch bewertet werden.

3 Berechnungsmethoden des Produktionspotenzials im Überblick

Die vorangegangenen Abschnitte zum Potenzialkonzept und zur praktischen Anwendung des Produktionspotenzials haben deutlich gemacht, dass diese Größe bereits aus theoretischer und wirtschaftspolitischer Sicht schwierig zu greifen ist. Das methodische Problem bei der empirischen Bestimmung liegt nun wiederum darin begründet, dass das Produktionspotenzial eine empirisch unbeobachtbare Größe ist und deshalb geschätzt werden muss. Um eine solche Schätzung durchzuführen, wurden in der wissenschaftlichen Literatur und in der Wirtschaftspraxis eine Vielzahl unterschiedlicher Methoden entwickelt.

Eine Darstellung aller Methoden und Modelle zur Bestimmung des Produktionspotenzials, der Produktionslücke und des Potenzialwachstums würde an dieser Stelle zu weit führen. Deshalb sollen in diesem Teil der Arbeit nur die gängigsten Standardverfahren vorgestellt werden. Hierbei möge sich die Auswahl in jeder Kategorie auf die bedeutendsten Vertreter beschränken und vor allem ein Verständnis für die grundlegenden Merkmale der Berechnungsmethoden vermittelt werden. Aus diesem Grund wird im Folgenden auf eine detaillierte formale Darstellung der Verfahren verzichtet und auf die entsprechende Literatur verwiesen.[22] Vielmehr werden die einzelnen Methoden kurz vorgestellt und verdeutlicht, welche Daten der amtlichen Statistik verwendet und welche Methoden zum Umgang mit möglichen Strukturbrüchen eingesetzt werden.

Im vierten Abschnitt der vorliegenden Arbeit werden anschließend einige Verfahren mit besonderer wirtschaftspolitischer Bedeutung in der Praxis genauer erörtert. In diesen beiden Abschnitten werden bereits die wichtigsten Vor- und Nachteile der technischen Verfahrensweise der einzelnen Berechnungsmethoden aufgezählt. Im letzten Teil der Arbeit schließt sich eine umfassende kritische Analyse der heute bevorzugt verwendeten Schätzmethoden für das Produktionspotenzial an. Dort

---

[22] Ausführliche Überblicke über die verschiedenen Berechnungsmethoden des Produktionspotenzials geben beispielsweise Schuhmacher (2002), Weyerstraß (2001) und Njuguna/Karingi/Kimenyi (2005).

sollen vor allem das herrschende Verständnis des Potenzialbegriffs und die empirischen Ergebnisse der Potenzialberechnungen für Deutschland diskutiert werden. Insbesondere kritische Bemerkungen aus der Wissenschaft und alternative Ansätze zu den herkömmlichen Methoden werden die Bewertung abrunden.

3.1 Unterscheidungsmerkmale

Viele der heute üblichen Verfahren zur Bestimmung des Produktionspotenzials sind mehr oder weniger so aufgebaut, dass sie das tatsächliche Wachstum der Volkswirtschaft in einen langfristigen Trend und in eine kurzfristige Konjunkturkomponente zerlegen. Allerdings ist die strikte Dichotomie zwischen Wachstum und Konjunktur aus theoretischer Sicht äußerst fragwürdig.[23] Dennoch behelfen sich einige Methoden der Potenzialermittlung damit, lediglich die vorliegende Zeitreihe des BIP über einen längeren Zeitraum zu glätten. Der so ermittelte *Trendoutput* stimmt jedoch nicht notwendigerweise mit dem *Produktionspotenzial* nach der Definition von Okun[24] überein. In den folgenden Abschnitten werden die Begriffe Trendoutput und Produktionspotenzial zunächst synonym verwendet und die Diskussion dieser Begriffe in die kritische Bewertung der Schätzverfahren verlagert.

In der wissenschaftlichen Literatur erfolgt die Einteilung der Berechnungsmethoden des Weiteren oft in zwei Kategorien. Die erste Kategorie fasst die Verfahren zusammen, die auf *statistischen* Methoden der Trendschätzung basieren, wohin gegen die Methoden der zweiten Kategorie auf *ökonomischen* Zusammenhängen beruhen.[25] Ein Großteil der neueren Berechnungsansätze kombiniert jedoch statistische Methoden und wirtschaftstheoretische Erkenntnisse miteinander. Aus diesem Grunde werden die Methoden zur Bestimmung des Produktionspotenzials in dieser Arbeit in univariate und multivariate Verfahren untergliedert.[26] Die Berechnungsmethoden unterscheiden sich damit wie folgt:

Univariate Verfahren verwenden zur Bestimmung des Produktionspotenzials, neben Annahmen bezüglich der Potenzialeigenschaften, ausschließlich die Zeitreiheninformationen des Bruttoinlandsproduktes selbst. Im Gegensatz hierzu werden bei den *multivariaten Verfahren* zusätzlich andere wirtschaftliche Variablen zur Schätzung herangezogen.

---

[23] ZEW (2006a), S. 64-67.
[24] Vgl. Abschnitt 2.
[25] Exemplarisch Kriedel (2005), S. 731 oder Deutsche Bundesbank (2003), S. 44 ff.
[26] Diese Unterteilung wählen unter anderem Bjørnland/Brubakk/Jore (2005), S. 91 ff. und der Sachverständigenrat (2003), S. 413 ff.

Bevor jedoch die so kategorisierten Methoden in den Abschnitten 3.3 und 3.4 vorgestellt werden, widmet sich der nächste Absatz den Unternehmensbefragungen. Dieser Ansatz stellt eine Ausnahme dar, da er als einziges Verfahren direkt ermittelte und nicht lediglich geschätzte Informationen über das Produktionspotenzial liefert.

3.2 Unternehmensbefragungen

Der gesamtwirtschaftliche Kapazitätsauslastungsgrad wird bei dieser Methode durch Daten aus Unternehmensbefragungen ermittelt. In Deutschland befragt das ifo Institut für Wirtschaftsforschung, München, vierteljährlich Unternehmen des verarbeitenden Gewerbes und des Bauhauptgewerbes im Rahmen des Konjunkturtests, wie sie ihre Kapazitätsauslastung in Prozent der betriebsüblichen Vollauslastung einschätzen.[27] Aus diesen quantitativen Angaben kann mittels geeigneter Aggregation auf die gesamtwirtschaftliche Kapazitätsauslastung und somit auf das Produktionspotenzial geschlossen werden. Aufgrund der Konzeption der Fragestellung liegt der Kapazitätsauslastungsgrad in der Regel unter 100 Prozent.

Wie bereits angesprochen besteht ein Vorteil dieses Ansatzes in der Tatsache, dass die Potenzialbestimmung auf Primärdaten basiert. In die Befragungsergebnisse fließen folglich Änderungen der Rahmenbedingungen und der Nutzungszeiten der Anlagen unmittelbar mit ein und wirken sich auf Produktionspotenzial und -lücke aus.

Dennoch hat dieses Verfahren einige gravierende Nachteile. Zum Ersten werden die Unternehmensbefragungen nur für die oben genannten Gewerbearten durchgeführt. Für die restlichen Sektoren der Volkswirtschaft muss entweder Vollauslastung unterstellt werden, oder es wird die Annahme getroffen, dass sich die Kapazitätsauslastung in diesen Sektoren parallel zu den befragten Wirtschaftsbereichen entwickelt. Schon diese beiden Annahmen sind äußerst problematisch. Die weitaus größere Schwierigkeit dieses Verfahrens liegt allerdings in der generellen Problematik begründet, welche durch Aggregation einzelwirtschaftlicher Angaben auf die Gesamtwirtschaft entsteht. Denn sowohl für das Arbeitskräftepotenzial, die Produktivität sowie für den Kapitalstock gilt, dass Aussagen die einzelbetrieblich zutreffen, nicht zwangsläufig auf die gesamte Volkswirtschaft übertragbar sind. Insbesondere der Fakt, dass die Umfrageergebnisse stets die subjektive Meinung der Unternehmen wiedergeben und sich zudem nur auf die kurzfristige Perspektive bezie-

---

[27] Diese Ausführungen richten sich nach Heise (1991), S. 554 und Weyerstraß (2001), S. 6.

hen, unterstreicht diese Diskrepanz. So wird beispielsweise der Einfluss künftiger Investitionen auf die Produktionskapazitäten überhaupt nicht berücksichtigt. Mittelfristig könnten beispielsweise hohe Investitionen das Produktionspotenzial positiv beeinflussen.[28]

Abschließend bleibt festzuhalten, dass Befragungen von Unternehmen die nun folgenden analytischen Bestimmungsmethoden des Produktionspotenzials in der Regel nicht ersetzen können.[29] Allerdings ist es möglich, die so ermittelten Ergebnisse zum Vergleich der angenommenen konjunkturellen Schwankungen und Strukturbrüche heranzuziehen.

---

[28] Chagny/Döpke (2001), S. 313.
[29] Deutsche Bundesbank (2003), S. 45.

3.3 Univariate Verfahren

Univariate Verfahren zur Schätzung des Produktionspotenzials werden in der Literatur häufig auch Zeitreihenmethoden genannt. Sie greifen auf keine ökonomische Theorie zurück, sondern berücksichtigen ausschließlich die historischen Werte der Zielvariablen selbst. Es werden lediglich Trendlinien an die beobachteten Zeitreihen des BIP angepasst. Die mittels univariater Verfahren bestimmten Trendverläufe werden in der Regel mit der Potenzialgröße gleichgesetzt. Weichen die tatsächlich beobachteten Werte von den Trendwerten ab, wird diese Differenz als Produktionslücke aufgefasst.

In diesem Zusammenhang ist es von Bedeutung, dass die beobachteten Werte in der Regel sowohl unter als auch über der Trendauslastung verlaufen können. Es wird demzufolge bei den univariaten Verfahren üblicherweise kein Produktionspotenzial im Sinne einer Vollauslastung bestimmt. Vielmehr sind die Potenzialberechnungen der univariaten Methoden eher als Schätzer für die Normalauslastung zu verstehen.[30] Im Folgenden sollen diese Verfahren noch einmal in einfache Trendverfahren, statistische Filtermethoden und univariate Zustandsraummodelle mit unbeobachtbaren Komponenten unterschieden werden.

3.3.1 Einfache Trendverfahren

Eine besonders simple Zeitreihenmethode ist das *Peak-to-Peak-Verfahren*, welches im Prinzip sogar ohne Schätzverfahren auskommt und sich deshalb vor allem in der Praxis lange Zeit großer Beliebtheit erfreute. Diese Methode beruht auf der Annahme, dass in Konjunkturhöhepunkten keine unausgelasteten Kapazitäten vorhanden sind. In diesen Gipfelpunkten entspricht also die tatsächliche Produktion dem Produktionspotenzial.[31] Nun wird die Wachstumsrate von einem Gipfel zum anderen Gipfel mittels linearer Interpolation bestimmt. Anschließend wird der so ermittelte Wachstumspfad über den letzten Konjunk-

---

[30] Vgl. ZEW (2006a), S. 89. Die Bundesbank definiert das Produktionspotenzial sogar dahingehend. Deutsche Bundesbank (2003), S. 44.
[31] Diese Ausführungen richten sich nach Sieg (2004), S. 539 f.

turhöhepunkt hinaus in die Zukunft extrapoliert und somit das Produktionspotenzial projiziert.

Abbildung 1: Peak-to-Peak-Verfahren mit BIP-Werten für Deutschland (1991-2002)

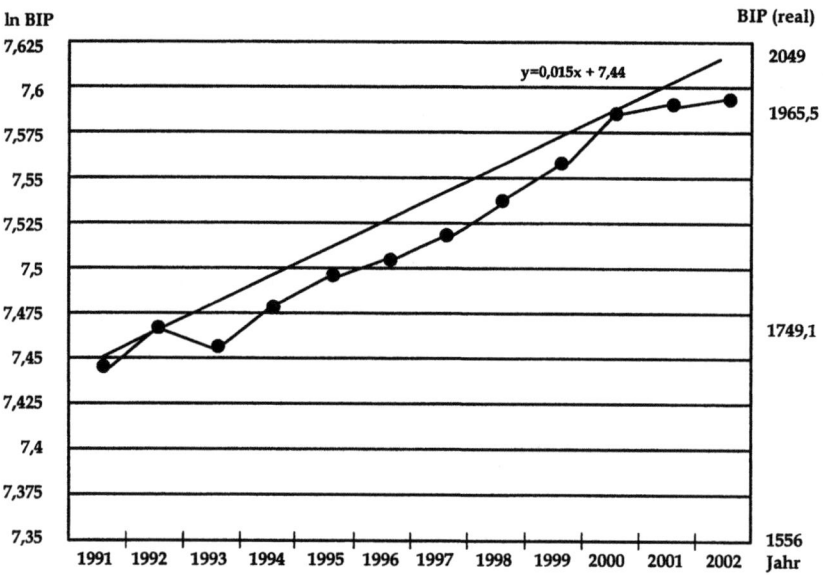

Quelle: In Anlehnung an Sieg (2004), S. 540.

Anmerkung: Die realen BIP-Jahresdaten in der rechten Ordinatenbeschriftung sind in Mrd. Euro angegeben.

Da beim Peak-to-Peak-Verfahren die Kapazitätsauslastung in den konjunkturellen Höhepunkten definitionsgemäß 100 Prozent beträgt, liegt sie im übrigen Bereich unter 100 Prozent. Abbildung 1 verdeutlicht dieses Verfahren graphisch. In der abgebildeten Studie wurde die Wachstumsrate und damit das Potenzialwachstum für Deutschland mit 1,5 % berechnet, welches vom letzten „Peak" im Jahr 2000 fortgeschrieben wird. Eine Kapazitätsauslastung von über 100 Prozent kann bei diesem Ansatz konstruktionsgemäß nicht eintreten. Das Produktionspotenzial wird demzufolge hier, im Unterschied zu den übrigen univariaten Verfahren, nicht als Normalauslastung verstanden.

Die Peak-to-Peak-Methode weist allerdings schwerwiegende Nachteile auf. Zum Einen ist nicht unbedingt davon auszugehen, dass in Konjunkturhöhepunkten keine unausgenutzten Produktionsreserven mehr vorhanden sind. Vielmehr sind die Produktionskapazitäten in zwei benachbarten Gipfeln in der Regel unterschiedlich stark angespannt.[32] Es kommt deshalb bei diesem Ansatz bereits aufgrund variierender Intensität konjunktureller Schwankungen zu verzerrten Ergebnissen. Außerdem ist ein konjunktureller Höhepunkt oft erst einige Jahre im Nachhinein erkennbar, was zu erheblichen Problemen am aktuellen Rand führt.[33] Hier kann nur der aktuelle Trend fortgeschrieben werden.

Ein weiteres, einfach anwendbares Trendverfahren, das im Prinzip ähnlich wie die Peak-to-Peak-Methode vorgeht, ist die *deterministische Trendbereinigung*.[34] Diese Methode beruht auf der Annahme, dass sich das tatsächliche Bruttoinlandsprodukt in eine deterministische Trendkomponente und eine zyklische Komponente zerlegen lässt. Um nun die durchschnittliche Produktion der Vergangenheit unter Berücksichtigung des Wirtschaftswachstums in die Zukunft fortzuschreiben, wird der beobachtbare Output Y auf einen linearen Zeittrend und eine Konstante regressiert. Die Produktionslücke ergibt sich somit einfach als prozentuale Restgröße ε (Residuum). Oftmals werden die realen BIP-Werte vor der Regression logarithmiert und folglich vielmehr ein log-linearer Trend bestimmt:

(2) $\quad y_t = \alpha + \beta \cdot t + \varepsilon_t$

---

[32] Saputelli/Neff (2005), S. 10.
[33] Weyerstraß (2001), S. 7.
[34] Vgl. Cotis/Elmeskov/Mourougane (2003), S. 22 und Sieg (2004), S. 542.

Die Parameter α und β werden mittels einer einfachen Regression geschätzt und y steht für das logarithmierte tatsächliche reale BIP zum Zeitpunkt t.[35]

In jedem Fall unterstellt das deterministische Trendverfahren, im Gegensatz zum Peak-to-Peak-Ansatz, dass die gesamtwirtschaftliche Produktion über den gesamten Beobachtungszeitraum im Durchschnitt auf dem potenziellen Niveau liegt.[36] Darüber hinaus ist das Trendwachstum bei dieser Variante des Verfahrens im Zeitverlauf konstant. Abbildung 2 veranschaulicht diese einfache Variante des deterministischen Trends. Die gestrichelte Linie stellt hierbei den linearen Pfad des Produktionspotenzials dar. Um bei langen Zeitreihen mögliche Strukturbrüche berücksichtigen zu können, werden häufig auch segmentierte Trendansätze verwendet. Diese Spezifizierung erlaubt dem geschätzten Trendverlauf zwischen abgegrenzten Konjunkturzyklen, aber nicht innerhalb eines Zyklus, zu variieren.

Positiv ist bei der deterministischen Trendbereinigung die Einfachheit des Verfahrens zu bewerten. Die Schätzung kann mit einfacher PC-Standardsoftware durchgeführt werden. Allerdings wird in der einschlägigen Literatur unter anderem bemängelt, dass die Schätzung der Produktionslücken sehr stark mit der Auswahl des Schätzzeitraumes schwankt. Die größte Einschränkung des hier vorgestellten Verfahrens scheint jedoch die Tatsache zu sein, dass das Potenzialwachstum einem linearen deterministischen und demzufolge perfekt vorhersagbaren Trend entsprechen soll. Dagegen wird eingewandt, dass ökonomische Entwicklungen und vor allem der technische Fortschritt stochastischer Natur sind.[37] Die Unterstellung eines deterministischen Trends sei somit eine zu starke Vereinfachung und führe deshalb zu Verzerrungen. Außerdem führe die Annahme der Linearität zu Anfälligkeit gegen Strukturbrüche am Ende des Schätzzeitraumes, da Wachstumsänderungen nicht berücksichtigt werden könnten. Es müssten erst Daten

---

[35] Im weiteren Verlauf dieser Arbeit werden Kleinbuchstaben für logarithmierte Variablen verwendet.
[36] Njuguna/Karingi/Kimenyi (2005), S. 5 f.
[37] Vgl. auch Schuhmacher (2002), S. 49.

für den gesamten letzten Konjunkturzyklus vorliegen bzw. Vermutungen über die Steigung des Trends getroffen werden.

Abbildung 2: Linearer deterministischer Trend durch die BIP-Werte für Deutschland (1974-1998)

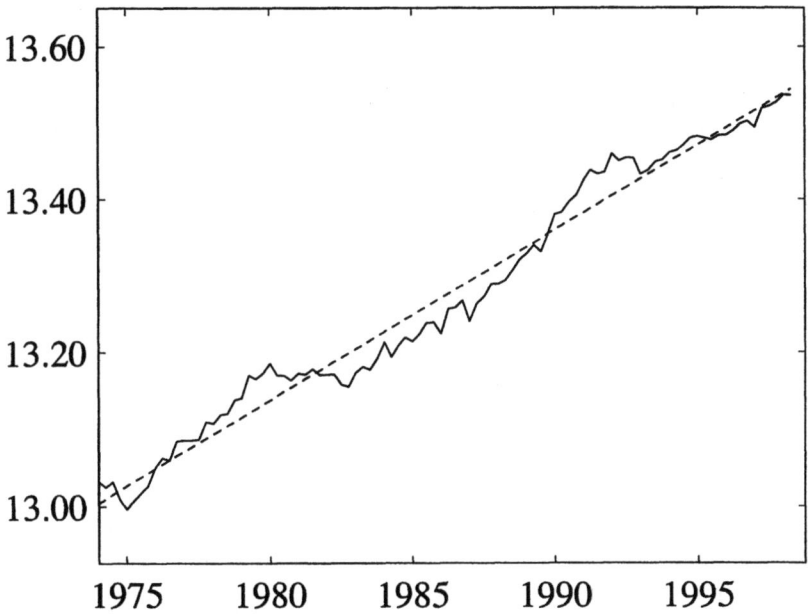

Quelle: Coenen/Wieland (2000), S. 58.

Anmerkung: Die Ordinate zeigt laut Quelle das reale BIP (log) in Quartalsdaten.

In weiten Teilen der Literatur wird die Ansicht vertreten, dass sowohl die zuvor beschriebenen linearen Trendmodelle, die dauerhaft fallende Zuwachsraten des Produktionspotenzials implizieren, als auch loglineare Trends mit konstanten Zuwachsraten die Realität zu restriktiv abbilden.[38] Es werden vielmehr Verfahren bevorzugt, die einen langfristig variablen Trendverlauf zulassen. Aus dieser Überlegung heraus werden neben den vorgestellten Trendfunktionen statistische Filterverfahren zur Bestimmung des Produktionspotenzials verwendet. Diesen Filtermethoden widmet sich der folgende Abschnitt.

3.3.2 Statistische Filtermethoden

Die statistischen Filtermethoden basieren ebenfalls auf der Vorstellung, dass sich eine aggregierte ökonomische Zeitreihe, in diesem Fall die gesamtwirtschaftliche Produktion, in eine Trendkomponente und eine Konjunkturkomponente zerlegen lässt. Das Produktionspotenzial stellt nun die trendmäßige Komponente dar, welche annahmegemäß sehr langen Schwingungen in der Zeitreihe unterliegt. Im Gegensatz hierzu werden der zyklischen Produktionslücke kurze bis mittlere Schwingungen zugerechnet. Bei der Verwendung der Filterverfahren müssen grundsätzlich Annahmen über die Länge des Konjunkturzyklus getroffen werden. In der Regel wird von symmetrischen und relativ regelmäßigen konjunkturellen Schwankungen ausgegangen, weshalb länger andauernde Unterauslastungen der Produktionskapazitäten konstruktionsbedingt ausgeschlossen werden.

Ein sehr weit verbreiteter Ansatz zur Potenzialschätzung besteht in der Anwendung eines *Hodrick-Prescott-Filters* (HP-Filter). Dieses Verfahren stellt zwei Forderungen an eine Trennung von Trend und Zyklus.[39] Einerseits wird die Trendkomponente der Zeitreihe so bestimmt, dass die Abweichungen der tatsächlichen Produktion von ihrem Trend minimiert werden. Andererseits soll der Trend einen möglichst glatten Verlauf aufweisen.

---

[38] So zum Beispiel Kriedel (2005), S. 731 f.
[39] Diese Ausführungen richten sich nach Deutsche Bundesbank (2003), S. 45.

Konkret löst der HP-Filter folgendes Minimierungsproblem:

(3) $$\min \sum_{t=1}^{T}(y_t - y_t^*)^2 + \lambda \sum_{t=2}^{T-1}[(y_{t+1}^* - y_t^*) - (y_t^* - y_{t-1}^*)]^2$$

mit y_t^* als glatte Trendkomponente der Zeitreihe und T für die Länge des Beobachtungszeitraums.

Da die beiden Minimierungskriterien konkurrieren, wird die relative Gewichtung der Eigenschaften vorgegeben. Zentrale Stellgröße dieser Gewichtung ist der Glättungsparameter λ, welcher auch indirekt Annahmen über die typische Dauer des Konjunkturzyklus vorgibt. Ein großer Wert für λ legt das Gewicht auf die Erzielung eines hohen Grades an Glattheit, wobei sich für λ → ∞ ein linearer Trend ergibt. Im Gegensatz hierzu impliziert ein kleiner Wert für λ, eine gute Anpassung des Trends an die beobachtete Zeitreihe. Im Extremfall λ = 0 entspricht der geschätzte Potenzialwert stets dem tatsächlichen BIP.[40]

Der HP-Filter erstellt eine geglättete Zeitreihe der Bruttowertschöpfung. Demzufolge ist der Mittelwert des Kapazitätsauslastungsgrades auch bei diesem Verfahren 100 Prozent und der empirische Auslastungsgrad schwankt um diesen Wert. Abbildung 3 zeigt eine Schätzung des Produktionspotenzials mit dem HP-Filter für Brasilien. In dieser Studie wurden saisonbereinigte, logarithmierte Quartalsdaten des realen BIP verwendet.

Der Vorteil des HP-Filters besteht darin, dass mit dieser Methode stationäre Outputlücken für den gesamten Beobachtungszeitraum bestimmt werden können, der Trend aber über die Zeitreihe hinweg variiert. Dennoch sind mit dieser Filtermethode einige wesentliche Nachteile verbunden. Insbesondere die Wahl des Glättungsparameters λ ist entscheidend für die numerischen Werte des Produktionspotenzials und der Produktionslücke, stellt jedoch letztendlich eine Ermessensentscheidung dar.[41]

---

[40] Vgl. Scheuerle (2005), S. 3 f.
[41] Ausführliche Erläuterungen zur Bestimmung des Glättungsparameters befinden sich bei De Brouwer (1998), S. 6-8.

Für gewöhnlich werden länderübergreifend fixe Standardwerte ($\lambda = 1600$ für Quartalsdaten und $\lambda = 100$ für Jahresdaten) verwendet. Diese Werte stellen jedoch nicht notwendigerweise eine optimale Wahl dar, da die einzelnen Länder kaum gleich schnell auf Nachfrage- und Angebotsschocks reagieren. Darüber hinaus beeinflusst neben dem Glättungsparameter λ zusätzlich die Auswahl des Frequenzbereiches die Länge der ermittelten Konjunkturzyklen. Die Anwendung des HP-Filters auf Jahresdaten führt hierbei tendenziell zu längeren Konjunkturperioden als bei Quartalsdaten.[42]

Abbildung 3: Hodrick-Prescott-Trend durch die BIP-Werte für Brasilien (1980-2004)

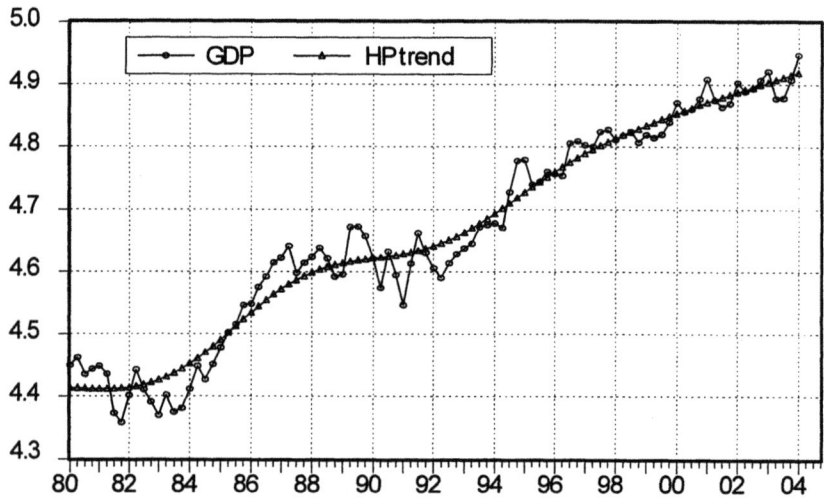

Quelle: Barbosa-Filho (2005), S. 72.

Anmerkung: Hier wurde der Glättungsparameter $\lambda = 1600$ verwendet. Die Ordinate zeigt logarithmierte reale Quartalsdaten des BIP (saisonbereinigt).

---

[42] Carnot/Koen/Tissot (2005), S. 159.

Der größte Schwachpunkt dieses symmetrischen zweiseitigen Filters, besteht jedoch in der Tatsache, dass Datenpunkte am Ende der Periode ein höheres Gewicht erhalten, als die Beobachtungen in der Mitte der Zeitreihe. Allerdings sind die Werte am Ende der Stichprobe besonders unzuverlässig und werden bei Vorliegen neuer Informationen häufig revidiert. Doch gerade diese Potenzialschätzungen am aktuellen Rand sind für politische Entscheidungsträger von besonderem Interesse. Weitere Schätzfehler können bei dieser Methode dadurch auftreten, dass der Filter Strukturbrüche selbst dann glättet, wenn diese deutliche Verschiebungen im Wirtschaftswachstum implizieren.[43] Gegebenenfalls kann es auch dazu kommen, dass das Verfahren nach Hodrick-Prescott nicht existierende Konjunkturzyklen aus der vorliegenden BIP-Reihe herausfiltert.

Die Schätzung des Produktionspotenzials mit Hilfe des Hodrick-Prescott-Filters bringt also eine ganze Reihe an Schwierigkeiten mit sich. Aus diesem Grund wurden in der Literatur einige Strategien entwickelt um den Ansatz zu verbessern. So wird der Filter beispielsweise in der multivariaten Variante um einige makroökonomische Beziehungen und Informationen ergänzt, die bei der Entwicklung des Produktionspotenzials eine Rolle spielen.

Einen alternativen univariaten Filteransatz stellt die Schätzung des Produktionspotenzials mittels so genannter *Band-Pass-Filter* dar. Diesen Filtermethoden liegt die Annahme zu Grunde, dass eine Zeitreihe durch Überlagerung verschiedener Schwingungskomponenten mit bestimmter Periode und Frequenz zustande kommt. Mit dem Baxter-King-Filter wurde beispielsweise ein Band-Pass-Filter entwickelt, der nur die konjunkturellen Schwingungen einer Zeitreihe herausfiltert.[44] Die trendmäßige sowie die irreguläre Komponente einer Zeitreihe werden beseitigt. Üblicherweise werden Schwankungen, die mindestens zwei und höchstens acht Jahre dauern, als Konjunktur angesehen.[45] Es wird hier direkt

---

[43] Vgl. EZB (2000), S. 43.
[44] Diese Ausführungen richten sich nach Bjørnland/Brubakk/Jore (2005), S. 92 f.
[45] Der Sachverständigenrat benutzt Zyklusgrenzen von 6 bis 32 Quartalen. Vgl. Sachverständigenrat (2003), S. 414.

die Produktionslücke geschätzt, während sich das Produktionspotenzial aus der Lücke und dem tatsächlichen BIP errechnen lässt.

Die Methode nach Baxter-King basiert ebenfalls auf einem zweiseitigen gleitenden Durchschnitt und bricht deshalb drei Jahre vor dem aktuellen Rand ab. Ähnlich wie beim HP-Filter entsteht somit immer dann ein Revisionsbedarf, wenn die zu Hilfe genommenen Prognosewerte durch tatsächliche BIP-Werte ersetzt werden. Dieses Randwertproblem versucht der Band-Pass-Filter nach Christiano und Fitzgerald zu mildern, indem er eine asymmetrische Gewichtung der Ursprungswerte vornimmt und am aktuellen Rand geglättete Werte aufweist.[46]

3.3.3 Univariate Zustandsraummodelle mit unbeobachtbaren Komponenten

Eine weitere univariate Methode zur Bestimmung von Produktionspotenzial und Produktionslücke basiert auf der Schätzung so genannter Zustandsraummodelle. Mit Hilfe der Zustandsraumdarstellung lassen sich Variablen spezifizieren, die unbeobachtbar sind. Die Variablen dieses Modells werden in Output- und Zustandsvariablen unterschieden.[47] Die unbeobachtbaren Größen sind hierbei die Produktionslücke und das Produktionspotenzial. Sie stellen die Zustandsvariablen dar und machen die Dynamik des Modells aus. Des Weiteren wird angenommen, dass sich die Outputvariable, genauer die beobachtbare gesamtwirtschaftliche Produktion, aus der unbeobachteten Trend- und der unbeobachteten Zykluskomponente zusammensetzt.

Bei diesem Schätzansatz sind verschiedene Modellformen denkbar. Ein einfaches Zustandsraummodell, in dem das Produktionspotenzial als Random-Walk mit Drift modelliert ist, sieht wie folgt aus:

(4) $\quad y_t = y_t^* + z_t$

---

[46] Christiano/Fitzgerald (1999).
[47] Diese Ausführungen richten sich nach Schuhmacher (2002), S.51 f. sowie Chagny/Döpke (2001), S. 316.

(5) $\quad y_t^* = v + y_{t-1}^* + \varepsilon_t^y$

(6) $\quad z_t = \phi_1 z_{t-1} \phi_2 z_{t-2} + \varepsilon_t^z$

Die erste Gleichung ist die Outputgleichung, welche die beobachtbare Produktion y in Relation zum Produktionspotenzial y* und zur Produktionslücke z setzt. Des Weiteren wird unterstellt, dass das Produktionspotenzial einem Random-Walk mit Drift v, das heißt einem stochastischen Trend, folgt. In der dritten Gleichung wird die Produktionslücke als autoregressiver Prozess zweiter Ordnung AR(2) modelliert. Für die Residuen (ε bezüglich y und z) wird angenommen, dass diese unkorreliert und normalverteilt sind.

Ein in dieser Form spezifiziertes Modell wird dann im nächsten Schritt in die Zustandsraumform transformiert. Anschließend kann es mit Hilfe des Kalman-Filters sowie der iterativen Maximum-Likelihood-Schätzung (ML-Schätzung) gelöst werden.[48]

Der Vorteil der Zustandsraummodelle mit unbeobachtbaren Komponenten gegenüber anderen Methoden liegt in der simultanen Schätzung des Produktionspotenzials und der Modellparameter. Des Weiteren ist mit diesem Verfahren nicht nur die Zerlegung einer Zeitreihe in Trend und Zyklus möglich, sondern es ist vielmehr eine umfassende Methode, welche viele andere Verfahren durch beliebige Annahmen über die Dateneigenschaften und über den Glättegrad des Trends abbilden kann. So können zum Beispiel auch das lineare Trendverfahren und der HP-Filter mit dem univariaten Zustandsraummodell modelliert werden.[49]

Diese Eigenschaft birgt allerdings das Problem in sich, dass die jeweiligen Funktionsformen genau vom Anwender vorgegeben werden müssen. Üblicherweise wird in diesen Modellen angenommen, dass das Produktionspotenzial einem Random-Walk folgt. Ein solcher Random-Walk ist dadurch charakterisiert, dass ein stochastischer Schock die

---

[48] Eine detaillierte Darstellung des Verfahrens befindet sich bei Funke (1998), der das univariate Zustandsraummodell auf Daten für Deutschland im Zeitraum von 1960-1995 anwendet.
[49] Vgl. Funke (1998), S.8.

Potenzialgröße sofort in voller Höhe und für alle Zeit verändert. Damit hat dieser Prozess ein „unendliches Gedächtnis" und graduelle Anpassungsprozesse der Schocks werden nicht berücksichtigt. Ein weiterer Nachteil erwächst aus der Anwendung der iterativen ML-Schätzung, welche sehr sensibel auf die Wahl der Startwerte für die Modellparameter und die Zustandsvariablen reagiert.

3.3.4 Bewertung der univariaten Verfahren

In den vorangegangen Abschnitten wurden die wichtigsten Vertreter unter den univariaten Berechnungsmethoden des Produktionspotenzials vorgestellt. Diesen Verfahren liegt die Annahme zu Grunde, dass der Potenzialoutput mit der Trendkomponente, oder der glatten Komponente, des realen BIP identisch ist. Aus der Diskussion der einzelnen Ansätze lassen sich einige generelle Aussagen über univariate Verfahren ableiten.[50]

Positiv ist die Tatsache zu bewerten, dass univariate Methoden in der Regel nur minimale Annahmen erfordern und neben der tatsächlich beobachtbaren Bruttowertschöpfung keine zusätzlichen Zeitreihen benötigen. Diese Eigenschaften können beispielsweise bei vergleichenden Analysen zwischen verschiedenen Ländern oder Wirtschaftszonen, wie sie von der EU oder der OECD durchgeführt werden, von Vorteil sein. Bedeutung erlangt dieses Argument deshalb, da in vielen Regionen der Welt nach wie vor Probleme bei der statistischen Datenerhebung auf aggregiertem Niveau auftreten bzw. nur die wichtigsten Kennzahlen, wie das BIP, vorliegen. Darüber hinaus können die oben beschriebenen Komponentenzerlegungen für alle interessierenden ökonomischen Zeitreihen vorgenommen werden. Hierdurch wird eine Diskussion des zyklischen Verhaltens oder der konjunkturellen Eigenschaften aller Größen und Bereiche der Wirtschaft ermöglicht. Es könnten auf diesem Wege Rückschlüsse auf Zusammenhänge und Verbindungen zwischen verschiedenen Variablen gezogen werden.

---

[50] Vgl. hierzu EZB (2000), ZEW (2006a), S. 91 f. und Chagny/Döpke (2001), S. 313 ff.

3 Berechnungsmethoden des Produktionspotenzials im Euro-Raum

Obwohl die univariaten Verfahren in der praktischen Verwendung scheinbar einige Vorzüge mit sich bringen, die wohl unter einfacher Anwendbarkeit zusammengefasst werden können, scheinen die *Schwierigkeiten und Nachteile* bei der Produktionspotenzialbestimmung zu überwiegen. Auch die angesprochene Minimalität der Annahmen verliert dadurch ihren Glanz, dass Vorstellungen über die Dauer und die Art von Konjunkturzyklen beim Festlegen der Parameter einfließen. Gerade die Eigenschaften und Merkmale von Konjunkturzyklen sind in der Wissenschaft viel diskutiert und recht umstritten.[51]

Eine häufig angesprochene Schwäche univariater Berechnungsmethoden ist zudem das so genannte Randwertproblem. Die Ursache des Problems ist generell in der Vorgehensweise bei der Erfassung und Aufbereitung amtlicher Statistiken zu suchen, und deshalb sind dem Randwertproblem grundsätzlich alle Verfahren ausgesetzt. Es betrifft die Anfälligkeit der Methoden, zuverlässige und exakte Schätzergebnisse für das Produktionspotenzial sowie für die Produktionslücke zum aktuellen Zeitpunkt und für die nahe Zukunft zu liefern. Vielmehr haben Veröffentlichungen aktueller Wirtschaftsstatistiken in der Regel vorläufigen Charakter und unterliegen im Zeitablauf häufig Revisionen.

Allerdings betrifft das Randwertproblem die statistischen Filtermethoden noch in einem zusätzlichen Ausmaß. So basieren unter anderem der HP-Filter, sowie die meisten Band-Pass-Filter, auf der Anwendung symmetrisch gleitender Durchschnitte, die am aktuellen Rand aufgrund fehlender Beobachtungen nicht einsetzbar sind. Um dem entgegenzuwirken kommen entweder asymmetrische gleitende Durchschnitte zum Einsatz, welche allerdings jüngere Werte bei der Trendschätzung am Rand zu stark gewichten, oder es werden Prognosewerte für die Zukunft als Hilfsgrößen benutzt.

Ein weiterer bedeutender Nachteil univariater Methoden liegt in der angesprochenen, rein mechanistischen Komponententrennung. Die Zerlegung in Trend und Zyklus wird lediglich aus Informationen der Zeitreihe selbst vorgenommen und eventuelle Wechselwirkungen mit anderen ökonomischen Größen bleiben unberücksichtigt. Insbesondere

---

[51] Chagny/Döpke (2001), S. 313 f.

ist es in einem univariaten Modell nicht möglich herauszufinden, welchen relativen Anteil an den Veränderungen des Trendwachstums Angebotsschocks und welchen Anteil Nachfrageschocks haben. Da sich diese Methoden auch nicht dafür eignen, Einflussfaktoren auf das Produktionspotenzial zu identifizieren, lassen sich kaum Zusammenhänge zwischen wirtschaftspolitischen Maßnahmen und mittelfristigem (Potenzial-)Wachstum ausmachen.

Letztendlich hängt jedoch der größte Kritikpunkt an den univariaten Methoden damit zusammen, dass eine dauerhafte Produktionslücke üblicherweise per Annahme durch die Verfahrenskonstruktion ausgeschlossen wird. Die historischen Wachstumsraten der realen BIP-Zeitreihe werden im Rahmen der Trendschätzungen in die Zukunft fortgeschrieben (Extrapolation). Rechnerisch kann dies gravierende Folgen haben. Angenommen der Zeitraum der Kapazitätsunterauslastung dauert länger an als die im Modell unterstellte Zyklusdauer, so führt dies zwangsläufig zu einem Abflachen der ermittelten Trendkomponente. Es besteht in diesem Fall die Gefahr, dass das Produktionspotenzial systematisch unterschätzt wird. Dieses Phänomen wäre natürlich auch in die entgegengesetzte Richtung denkbar, jedoch ist eine ausreichend lang anhaltende Überauslastung der Kapazitäten eher unwahrscheinlich.

Viele der zuvor angesprochenen Kritikpunkte sind in der Literatur relativ unumstritten. Dies ist wohl auch die Ursache dafür, dass die univariaten Verfahren zur Ermittlung des gesamtwirtschaftlichen Produktionspotenzials in den letzten Jahren in der Wirtschaftspraxis an Bedeutung verloren haben. Kaum eine der ernstzunehmenden wirtschaftspolitischen und wirtschaftswissenschaftlichen Institutionen stützt die Berechnungen des Produktionspotenzials noch ausschließlich auf Zeitreihenverfahren. Allerdings werden sie regelmäßig als Glättungswerkzeug für Zeitreihen innerhalb ökonomisch-struktureller Methoden zur Potenzialschätzung verwendet. In den folgenden Abschnitten soll nun untersucht werden, inwieweit die multivariaten Verfahren den Univariaten überlegen sind, und wie sie versuchen, die oben dargestellten Probleme zu vermeiden.

3.4 Multivariate Verfahren

In diesem Abschnitt sollen häufig verwendete multivariate Verfahren zur Berechnung des Produktionspotenzials vorgestellt und kritisch analysiert werden. Multivariate Methoden nehmen explizit Bezug auf ökonomische Zusammenhänge und berücksichtigen bei der Schätzung des Potenzials und der Produktionslücke verschiedene weitere Variablen. Dahinter steht die Idee, dass die Veränderung des Produktionsniveaus durch die Veränderung anderer beobachtbarer Wirtschaftsgrößen beeinflusst wird. Im Umkehrschluss liefern die multivariaten Ansätze auch nähere Informationen über die Hintergründe des Potenzialwachstums. Die multivariaten Verfahren sind damit analytisch und wirtschaftspolitisch ergiebiger als die univariaten Methoden. In der praktischen Umsetzung erfordern sie allerdings einige zusätzliche Annahmen. Im Folgenden wird noch gezeigt, dass Filter und Trendbereinigungen auch in den meisten multivariaten Ansätzen als Hilfsmittel zum Einsatz kommen.

In der vorliegenden Arbeit soll von allen multivariaten Verfahren der Produktionsfunktionsansatz und seine verschiedenen Ausprägungen im Mittelpunkt der Diskussion stehen. Diese Entscheidung ist darauf zurückzuführen, dass die Produktionsfunktionsmethode in der wissenschaftlichen Literatur sehr großen Anklang findet und auch von den wichtigsten internationalen Organisationen zur Potenzialberechnung verwendet wird. So benutzt beispielsweise neben der OECD auch das Congressional Budget Office (CBO) in den USA einen Produktionsfunktionsansatz. Im Euro-Raum sind es unter anderem die Deutsche Bundesbank, der Sachverständigenrat zur Begutachtung der gesamtwirtschaftlichen Lage (SVR) und die Europäische Kommission (DG ECFIN), die Produktionsfunktionen verwenden. Da die drei letztgenannten Organisationen einen großen Einfluss auf die Wirtschaftspolitik in Deutschland und in Europa haben, sollen deren Methoden in Abschnitt 4 exemplarisch etwas detaillierter dargestellt und untersucht werden.

Im Folgenden werden neben dem Produktionsfunktionsansatz noch zwei weitere multivariate Methoden überblicksartig vorgestellt. Es handelt sich hierbei um die Strukturellen Vektorautoregressiven Modelle

(SVAR) und um multivariate Zustandsraummodelle mit unbeobachtbaren Komponenten.

3.4.1 Produktionsfunktionsansatz

Die Entwicklung des Produktionsfunktionsansatzes wurde insbesondere Anfang der 1990er Jahre durch die OECD[52] vorangetrieben, obwohl er in den USA schon wesentlich früher vom Council of Economic Advisers (CEA) und vom Congressional Budget Office (CBO) verwendet wurde.[53] Das Konzept des Produktionspotenzials legte es nahe, eine gesamtwirtschaftliche Produktionsfunktion für die Potenzialberechnung zu verwenden, die verschiedene Einsatzfaktoren bei gegebener Technologie verknüpft. Durch diese Methode sollten vor allem die Schwierigkeiten der Zeitreihenverfahren überwunden werden, welche keine zusätzlichen Informationen über die strukturellen Bedingungen der Wirtschaft und über Beschränkungen der Produktion durch die Verfügbarkeit der Produktionsfaktoren einbeziehen.

Der Produktionsfunktionsansatz zur Schätzung des Produktionspotenzials konzentriert sich üblicherweise auf das Angebotspotenzial einer Wirtschaft, wobei zunächst eine gewünschte Funktionsform spezifiziert wird. Anschließend werden die potenziellen Einsatzmengen der Produktionsfaktoren, zumeist Kapital und Arbeit, bestimmt und in die Produktionsfunktion eingesetzt. Die Produktionslücke wird dann als Differenz zwischen tatsächlicher Produktion und dem so ermittelten Produktionspotenzial interpretiert und bestimmt sich durch den Auslastungsgrad der Inputfaktoren.

Der Produktionsfunktionsansatz erfreut sich nicht zuletzt deshalb großer Beliebtheit, weil er eine Analyse der Wachstumsbeiträge ermöglicht.[54] Die beobachtete Wachstumsrate kann in Arbeits- und Kapitalbeiträge sowie in die Beiträge der totalen Faktorproduktivität (TFP) aufgegliedert

---

[52] Unter anderem durch Torres/Martin (1990) oder Giorno et al. (1995).
[53] Für einen Überblick der Produktionspotenzialschätzungen in den USA bis 1980 vgl. Clark (1979).
[54] Vgl. Janger/Scharler/Stiglbauer (2006), S. 27.

werden. Unter zusätzlichen Annahmen können diese Wachstumsbeiträge noch mit „tieferen" Wachstumsdeterminanten, wie beispielsweise Forschung und Entwicklung oder Humankapital, verknüpft werden. Die größte Schwierigkeit bei der Produktionsfunktionsmethode besteht allerdings darin, den potenziellen Einsatz der Produktionsfaktoren bei Vollauslastung sowie den technischen Fortschritt zu bestimmen. In Abschnitt 4 wird genauer untersucht, wie die europäischen Institutionen diesen Schwierigkeiten begegnen und welche Produktionsfunktionsvarianten im Einzelnen angewandt werden. Die kritische Diskussion der üblichen Produktionsfunktionsverfahren wird im letzten Teil dieser Arbeit erfolgen.

3.4.2 Multivariate Zustandsraummodelle mit unbeobachtbaren Komponenten

Das univariate Zustandsraummodell mit unbeobachtbaren Komponenten aus Punkt 3.3.3 kann um zusätzliche ökonomische Variablen erweitert werden, welche annahmegemäß Hinweise auf die Größe der Produktionslücke liefern. Im Gegensatz zum univariaten Fall werden nun mehrere Outputvariablen in das Modell implementiert, wodurch die Darstellung komplexerer ökonomischer Zusammenhänge ermöglicht wird.[55] Häufig werden neben dem BIP Informationen über die Arbeitslosigkeit sowie über den Preisanstieg (Inflation) zur Schätzung herangezogen. Outputgleichungen beschreiben schließlich diese Outputvariablen durch die Zustandsvariablen, wobei auch theoretische Modellgleichungen enthalten sein können, die das Produktionspotenzial als erklärende Variable beinhalten.

Es ist sogar möglich, dass weitere unbeobachtbare Variablen durch das Modell geschätzt werden und als Zustandsvariablen agieren. Denkbar wäre zum Beispiel eine simultane Schätzung der natürlichen Arbeitslosigkeit bzw. der NAIRU. Den Hintergrund hierfür liefert die Annahme, dass eine Beziehung zwischen Spannungen auf dem Arbeitsmarkt und

---

[55] Eine solche Erweiterung des univariaten Zustandsraummodells stellt zum Beispiel das Modell von Gerlach/Smets (1999) dar.

der Produktionslücke besteht, welche sich durch Abweichungen der aktuellen Arbeitslosigkeit von der NAIRU ermitteln lassen.[56]

Hinsichtlich der Vor- und Nachteile zeichnet sich ein ähnliches Bild wie beim univariaten Fall, da die Modelltechnik sich nicht verändert. Positiv ist bei der multivariaten Methode jedoch zusätzlich hervorzuheben, dass weitere ökonomische Daten verwendet werden und dass durch die einstufige Schätzung des Produktionspotenzials und der Modellparameter ökonomische Strukturgleichungen berücksichtigt werden können. Der ökonometrische Charakter des Modells erlaubt darüber hinaus die Berücksichtigung der Schätzunsicherheit der Parameter.

Neben den bereits angesprochenen Nachteilen hinsichtlich des Random-Walk und der iterativen ML-Schätzung, kommt im multivariaten Fall die Herausforderung hinzu, Annahmen über die Beziehungen der verschiedenen ökonomischen Variablen treffen zu müssen. Diese fließen direkt in die Modellgleichungen ein. Die Qualität der geschätzten Outputlücke wird letztendlich davon abhängen, wie realistisch und empirisch fundiert diese Annahmen sind. Seit Ende der 1990er Jahre finden die Zustandsraummodelle eine stärkere Beachtung in der Literatur[57]. Dennoch scheint die Tatsache, dass sehr viele Modellannahmen getroffen werden müssen, die Anwendbarkeit in der Praxis zu erschweren. Da viele dieser Annahmen mit Unsicherheiten behaftet sind, steigt die Gefahr verzerrte Schätzergebnisse zu erhalten.

---

[56] Bjørnland/Brubakk/Jore (2005), S. 94 f. und S. 100.
[57] Vgl. De Brouwer (1998), Gerlach/Smets (1999) oder Apel/Jansson (1999).

3.4.3 Strukturelle vektorautoregressive Modelle (SVAR)

An dieser Stelle bietet es sich an, kurz auf die unterschiedlichen theoretischen Sichtweisen des Produktionspotenzials aus Abschnitt 2 zurückzukommen. Dort wurde bereits angedeutet, dass es relativ schwierig ist, die gängigen Berechnungsmethoden konstruktionsbedingt einem theoretischen Ansatz zuzuordnen. Dennoch sehen einige Autoren die ökonomisch fundierten Methoden eher im Einklang mit dem keynesianischen als mit dem neoklassischen Ansatz.[58]

So erhöht sich beispielsweise beim Produktionsfunktionsansatz das Produktionspotenzial im Einklang mit dem Wachstum der Inputfaktoren. Die Produktionslücke misst den Rückstand des aktuellen Output zu diesem produktiven Potenzial. Im Gegensatz hierzu unterscheiden die statistischen Filterverfahren zwischen permanenten Bewegungen in der Zeitreihe, welche als Potenzialwachstum definiert werden, und vorübergehenden Fluktuationen, die auf den Konjunkturzyklus zurückzuführen sind. Da das neoklassische Paradigma den Einfluss technologischer Schocks auf wirtschaftliche Schwankungen hervorhebt, werden die univariaten statistischen Methoden eher diesem Ansatz zugerechnet.

Das nun folgende Verfahren der Strukturellen Vektorautoregression bezieht seine theoretische Motivation aus der neoklassischen Synthese und kombiniert die Aspekte der keynesianischen und der neoklassischen Tradition. Gemäß der neoklassischen Synthese werden die langfristigen Produktionsmöglichkeiten von der gesamtwirtschaftlichen Angebotskapazität bestimmt und konjunkturelle Schwankungen durch aggregierte Nachfragedynamiken verursacht. Dementsprechend steht bei diesem Ansatz die Identifikation von Angebots- und Nachfrageinnovationen im Vordergrund, welche dann zur Bestimmung von Produktionspotenzial und Produktionslücke verwendet werden.

Die Grundlage dieser Methode zur Potenzialbestimmung bildet ein strukturelles vektorautoregressives (SVAR) Modell, das in seiner Ur-

---

[58] Vgl. Scacciavillani/Swagel (2002), S. 946 f. und S. 948.

sprungsform Zeitreihen zum BIP und zur Arbeitslosigkeit enthält.[59] Um die Angebots- und Nachfrageschocks identifizieren zu können, wird bei diesem Verfahren unterstellt, dass strukturelle Angebotsschocks einen permanenten und Nachfrageschocks lediglich einen vorübergehenden Einfluss auf das BIP-Niveau ausüben. Da in einem vektorautoregressiven Modell alle Variablen als endogen betrachtet werden, wird jede Variable sowohl durch ihre eigene historische Entwicklung als auch durch die Veränderungen in der Zeitreihe der anderen Variablen bestimmt.

Bei dieser Verfahrensweise entsteht das Problem, dass die zu berücksichtigenden langfristigen Beziehungen und Effekte der Zeitreihen identifiziert werden müssen. In der angesprochenen Standardvariante des Modells, mit (logarithmiertem realen) BIP und Arbeitslosenquote, dienen die folgenden Annahmen der verfahrenstechnischen Identifikation der Schocks:[60]

a) Liegt keine Störung in der Zeitreihe vor, hat dies einen langfristigen Effekt auf die im Modell verwendeten Zeitreihen, zum Beispiel auf die Wachstumsrate des Output.

b) Störungen beim BIP haben einen permanenten Einfluss auf das Niveau beider Zeitreihen.

c) Die Störungen in der beobachteten Arbeitslosenrate werden dahingehend interpretiert, d.h. in ihrer Wirkung durch die Annahme beschränkt, dass sie keinen permanenten Effekt auf das Produktionsniveau haben, da sie nachfragebedingt sind.

Die Identifikation der Nachfrage- und Angebotsschocks ist also aufgrund der gewählten Modellstruktur möglich, die unter Berücksichtigung ökonomischer Theorie aufgestellt wurde.[61] In der empirischen Literatur existieren zahlreiche Modifikationen und Erweiterungen dieses

---

[59] Das Modell geht zurück auf Blanchard/Quah (1989).
[60] Vgl. Billmeier (2004), S. 20 f.
[61] Eine formale Darstellung dieses Ansatzes befindet sich bei Bjørnland/Brubakk/Jore (2005), S.100 oder Schuhmacher (2002), S. 60 ff.

Standardansatzes der SVAR-Methode. So wird häufig die Inflation als zweite Variable an Stelle der Arbeitslosenquote verwendet oder der Ansatz auf ein trivariates SVAR-System, beispielsweise mit BIP, Konsum und Investitionen, erweitert.[62]

Bei der SVAR-Methode beträgt der normale Kapazitätsauslastungsgrad der gesamtwirtschaftlichen Produktion 100 Prozent.[63] Ein Vorteil dieses Verfahrens im Vergleich zu den oben dargestellten univariaten Zeitreihenmethoden ist darin zu sehen, dass kein Randwertproblem auftritt. Des Weiteren bieten die SVAR-Modelle aufgrund des Zugriffs auf ökonomische Zusammenhänge gegenüber den univariaten Verfahren den Vorteil, dass lang anhaltende Nachfrageschocks nicht automatisch dem langfristigen Trend zugeordnet werden, vorausgesetzt Angebots- und Nachfrageschocks werden korrekt identifiziert.[64]

Aber genau an diesem Punkt schließen sich eine Reihe von Schwierigkeiten an. Die Annahmen und Restriktionen zur Schockidentifikation müssen nicht in jedem Fall zutreffend sein. Insbesondere wäre es denkbar, dass die für die Nachfrage repräsentative Variable (im Standardansatz die Arbeitslosenquote) keinen guten Indikator für das Verhalten der zyklische Konjunkturkomponente der Produktion darstellt. Ein weiterer Kritikpunkt an der SVAR-Methode richtet sich gegen die Beschränkung der Anzahl unterschiedlicher Schocks auf die Anzahl der berücksichtigten Variablen. Vor allem eine Konzentration auf lediglich zwei Schocks, wie im Standardansatz, wird vor makroökonomischem Hintergrund als zu restriktiv angesehen. Zu guter Letzt ist die grundlegende Annahme, dass sich die Schocks strikt der Angebots- oder Nachfrageseite zuordnen lassen, großer Kritik ausgesetzt. Diese Annahme ist bereits theoretisch stark umstritten und es wird davon ausgegangen, dass Schocks auftreten, die sowohl einen Einfluss auf die Nachfrage als auch das Angebot haben.

---

[62] Exemplarisch Scacciavillani/Swagel (2002) für die SVAR-Methode mit BIP und Inflation und King et al. (1991) für das trivariate Modell.
[63] Weyerstraß (2001), S. 18.
[64] Für die Bewertung der SVAR-Methode vgl. Cerra/Saxena (2000), S. 12 f. und Billmeier (2004), S. 20 f.

Die vorangegangenen zwei Abschnitte haben verdeutlicht, dass eine Komponentenzerlegung der gesamtwirtschaftlichen Produktion auch unter Einbeziehung wirtschaftswissenschaftlicher Erkenntnisse vorgenommen werden kann. Dennoch dominiert sowohl bei den Zustandsraummodellen als auch bei der SVAR-Methode die Vorstellung, dass die Potenzialentwicklung und die zyklischen Schwankungen hierum exogen bestimmt sind.[65] Zwar sind diese beiden Berechnungsmethoden einfacher in der praktischen Anwendung als Produktionsfunktionen, da weniger Datenmaterial benötigt wird und der Modellansatz weniger komplex ist. Allerdings können sich technische Details der Anwendung dieser Methoden, wie Annahmen und Parameter, stark auf die Schätzergebnisse auswirken. Des Weiteren sind bei diesen multivariaten Verfahren eine Identifikation von Stellgrößen zur Steigerung der Produktion oder gar des Produktionspotenzials sowie die Durchführung von Szenarioanalysen kaum möglich.

In dieser Hinsicht hat der Produktionsfunktionsansatz, nicht zuletzt aufgrund eines höheren Grades an Transparenz, mehr zu bieten. Vermutlich erfreuen sich gerade deshalb Produktionsfunktionen bei der Berechnung des Produktionspotenzials so großer Beliebtheit. Wie und ob die Möglichkeiten, welche dieser Ansatz bietet, bei der Anwendung durch den Sachverständigenrat (SVR), die Europäische Kommission und die Bundesbank genutzt werden, soll im nächsten Teil der Arbeit untersucht werden.

---

[65] Vgl. zu diesen Ausführungen EZB (2000), S. 43 f. und ZEW (2006a), S. 100.

4 Berechnungsmethoden des Produktionspotenzials im Euro-Raum

Nun soll die Frage aufgegriffen werden, wie der bereits vorgestellte Produktionsfunktionsansatz ganz konkret im europäischen Wirtschaftsraum und insbesondere in Deutschland angewandt wird. In diesem Zusammenhang werden drei unterschiedliche Ausprägungen des Ansatzes beschrieben, die bei der Potenzialberechnung besonders häufig Anwendung finden. Im Einzelnen werden die kapitalstockorientierte Methode des Sachverständigenrates, die Cobb-Douglas-Produktionsfunktion der Europäischen Kommission und der nicht-parametrische Ansatz der Bundesbank vorgestellt. Diese Vorgehensweise eignet sich hervorragend um einen Überblick über die Produktionsfunktionsverfahren zu geben, da sich die drei Ton angebenden Wirtschaftsinstitutionen jeweils für eine andere weit verbreitete Variante dieses Ansatzes entschieden haben.

4.1 Das kapitalstockorientierte Verfahren des Sachverständigenrates

Die kapitalstockorientierte Methode des Sachverständigenrats (SVR) gehört zur Kategorie der Ein-Faktoren-Ansätze. Es wird davon ausgegangen, dass das Potenzial der Wirtschaft durch die vorhandene Kapitalausstattung begrenzt wird.[66] Aus diesem Grund wird das Produktionspotenzial auf Basis der potenziellen Kapitalproduktivität des Unternehmenssektors (ohne die Bereiche Land- und Forstwirtschaft, Fischerei und Wohnungsvermietung) berechnet. Für die ausgeklammerten Bereiche und für den Staatssektor wird Vollauslastung der Kapazitäten unterstellt und die tatsächliche Bruttowertschöpfung veranschlagt. Der zu schätzende Unternehmensbereich lässt sich anschließend über folgende Gleichung beschreiben:

(7) $\quad Y_t^* = k_t^* \cdot K_t$

---

[66] Vgl. Sachverständigenrat (2003), S. 414 f. und Sieg (2004), S. 540 ff.

Somit wird das Produktionspotenzial Y* zum Zeitpunkt t durch die Multiplikation der potenziellen Kapitalproduktivität k* mit dem Kapitalstock K bestimmt.

Die potenzielle Kapitalproduktivität ergibt sich aus der beobachteten Kapitalproduktivität k für den Unternehmenssektor gemäß folgender Relation:

$$(8) \quad k_t = \frac{\text{Bruttowertschöpfung (real)}}{\text{Kapitalbestand (real)}}$$

Es wird zunächst so vorgegangen, dass anhand der empirischen Kapitalproduktivität mehrere Stützperioden (Konjunkturzyklen) voneinander abgegrenzt werden. Anschließend wird für jeden Zyklus ein linearer Trend der Kapitalintensität bestimmt. Hierdurch soll der Tatsache Rechnung getragen werden, dass sich das Trendwachstum der Kapitalproduktivität im Zeitablauf ändert. Die so bestimmten Trends werden an den Konjunkturtiefpunkten miteinander verbunden und es entsteht eine Trendkurve, die aus mehreren miteinander verbundenen Geraden mit unterschiedlichen Steigungen besteht.

Um nun die potenzielle Kapitalproduktivität zu erhalten, wird der Wert der beobachteten Kapitalproduktivität ermittelt, der am weitesten positiv von seinem Trendwert abweicht.[67] Die geschätzte Trendkurve der Kapitalproduktivität wird nun parallel um den Betrag dieser maximalen Abweichung nach oben verschoben. Abbildung 5 verdeutlicht diese Vorgehensweise graphisch und zeigt die tatsächliche und die potenzielle Kapitalproduktivität für Deutschland im Zeitraum von 1970 bis 2002.

Die Berechnungen des SVR für das Produktionspotenzial ergeben sich im Einzelnen aus den Werten des Kapitalstocks, die vom statistischen Bundesamt bereitgestellt werden, und der ermittelten potenziellen Kapi-

---

[67] Der Sachverständigenrat ermittelte in seiner Berechnung für Deutschland mit einem Beobachtungszeitraum von 1970-2003 die maximale Abweichung für das Jahr 1970, wohingegen Weyerstraß (2001) die maximale Abweichung aufgrund des Vereinigungsbooms im Jahr 1991 beobachtete.

talproduktivität. Am Ende wird zu dem geschätzten Potenzial des Unternehmenssektors (in der oben genannten Abgrenzung) die tatsächliche Bruttowertschöpfung der restlichen Sektoren addiert.

Abbildung 4: Potenzielle und tatsächliche Kapitalproduktivität für Deutschland (1970-2002)

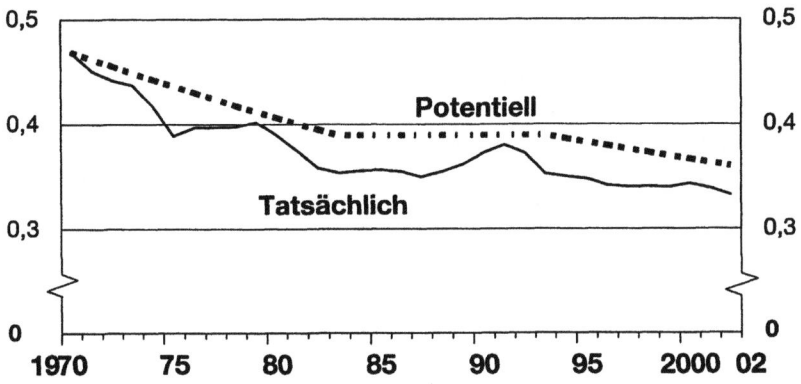

Quelle: In Anlehnung an Sachverständigenrat (2003), S. 418.

Anmerkung: Die Ordinate zeigt hier die Kapitalproduktivität als Bruttowertschöpfung in Relation zum Kapitalstock.

Da dieser Potenzialoutput per Definition stets größer oder gleich dem BIP ist und die Kapazitätsauslastung im Durchschnitt unter 100 Prozent liegt, wird es vom SVR selbst als technisch maximales Produktionspotenzial bezeichnet. Dieser Einschätzung kann allerdings der Einwand entgegengesetzt werden, dass bei diesem Verfahren die Annahme getroffen wird, die Kapazität sei ausschließlich durch den Produktionsfaktor Kapital beschränkt.[68] Inwieweit jedoch das Arbeitskräftepotenzial und die totale Faktorproduktivität das Produktionsniveau limitieren und welche Potenzialwirkungen eine langfristige Steigerung der Investitionsquote auf den Kapitalstock hätte, kann bei diesem Ansatz nicht

---
[68] Weyerstraß (2001), S. 10.

berücksichtigt werden. Des Weiteren wird die unterstellte Vollauslastung der nicht in die Schätzung einbezogenen Wirtschaftsbereiche kritisiert. Auch bei diesem Berechnungsverfahren liegen die Stärken wohl eher in der Transparenz und der einfachen Handhabung.

Allerdings sollte angemerkt werden, dass der Sachverständigenrat sich keinesfalls ausschließlich auf das zuvor beschriebene Verfahren verlässt, wenn er das Produktionspotenzial für Deutschland ermittelt. Im letzten Jahresgutachten für die Periode 2006/07 stützten sich die Berechnungen für die Wachstumsraten des Produktionspotenzials neben der SVR-Methode auch auf verschiedene Filterverfahren, unter anderem den HP-Filter und den Baxter-King-Filter.[69] Darüber hinaus berechnete der SVR das Potenzialwachstum mit einer Cobb-Douglas-Funktion und mit der nicht-parametrischen Methode. Diese beiden Produktionsfunktionsverfahren werden im Folgenden genauer betrachtet.

---

[69] Sachverständigenrat (2006), S. 51 ff. (Ziffern 88, 89).

4.2 Die Berechnungsmethode der Europäischen Kommission mittels einer Cobb-Douglas-Produktionsfunktion

Die Europäische Kommission verwendet, wie beispielsweise auch die OECD, zur Schätzung des Produktionspotenzials eine Cobb-Douglas-Produktionsfunktion mit den Faktoren Kapital und Arbeit. Dieses parametrische Verfahren wurde erstmals im Jahr 2001 durch die Generaldirektion für Wirtschaft und Finanzen (DG ECFIN) vorgestellt und seitdem kontinuierlich überprüft bzw. verfeinert.[70] Hierbei war und ist es das Ziel der Kommission eine ökonomisch fundierte (Produktionsfunktions-) Methode zu entwickeln, welche in der operativen EU-Politik zu Beobachtungs- und Kontrollzwecken eingesetzt werden kann. Aus diesem Grund wurde insbesondere auf klar definierte Grenzen der Analyse, hinsichtlich der internationalen Vergleichbarkeit, und auf Anwendbarkeit für alle Länder Wert gelegt.

In Abschnitt 3 dieser Arbeit wurde bereits angedeutet, dass beim Produktionsfunktionsansatz Annahmen über die funktionale Form der Produktionstechnologie, der Skalenerträge, des technischen Fortschritts und der repräsentativen Nutzung der Produktionsfaktoren getroffen werden müssen. Der Vorteil einer Cobb-Douglas-Funktion liegt vor allem in der einfachen Implementierbarkeit und den unkomplizierten Analysemöglichkeiten.[71] Abbildung 4 verdeutlicht graphisch, dass sich das Produktionspotenzial als Kombination der Einsatzfaktoren Arbeit (L) und Kapital (K), multipliziert mit der totalen Faktorproduktivität (TFP) ergibt. Die EU-Kommission versteht unter dem Produktionspotenzial das Produktionsniveau, welches mit voller Auslastung des vorhandenen Kapitalstocks, inflationsstabiler Beschäftigung und normaler Effizienz der Faktoreinsätze einhergeht.

---

[70] Vgl. Economic Policy Committee (2001), Denis/Mc Morrow/Röger (2002) und Denis et al. (2006).
[71] Vgl. auch überblicksartig Janger/Scharler/Stiglbauer (2006), S. 29.

Abbildung 5: Berechnung des Produktionspotenzials mit der Methode der Europäischen Kommission

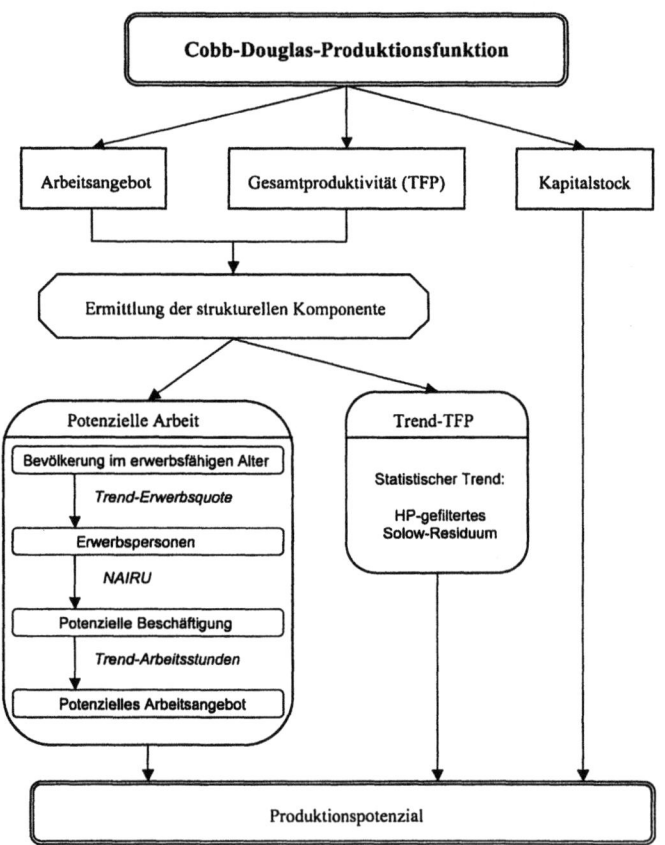

Quelle: In Anlehnung an Denis et al. (2006), S. 9.

Für den Ansatz der Europäischen Kommission ergibt sich damit die gesamtwirtschaftliche Produktion Y aus folgender Gleichung:[72]

(9) $\quad Y = L^{\alpha} K^{1-\alpha} \cdot TFP$

Die Inputfaktoren Arbeit und Kapital werden hierbei in physischen Einheiten gemessen. Durch die Gesamtproduktivität (TFP) wird das gegenwärtige Technologieniveau dargestellt. Diese Größe wird auch als totale Faktorproduktivität bezeichnet und gibt sowohl die Faktoreffizienz als auch den Faktorauslastungsgrad wieder.[73] Sie erfasst dem Grunde nach alles, was die Beziehung zwischen Inputs und Output verändert. Am häufigsten sind diese Produktivitätsänderungen auf den Wissenszuwachs über Produktionsmethoden zurückzuführen, weshalb die TFP meist als Maß für den technologischen Fortschritt betrachtet wird. Jedoch können auch andere Faktoren, wie beispielsweise gesetzliche Rahmenbedingungen und Bildung, die Gesamtproduktivität beeinflussen.

Die Spezifikation der Produktion durch die Cobb-Douglas-Funktion impliziert weiterhin konstante Skalenerträge und eine Faktorpreiselastizität von Eins. Aus der Substitutionselastizität von Eins folgt, dass die Faktoranteile im Zeitverlauf konstant bleiben und die Produktionselastizitäten von Arbeit und Kapital, unter der Annahme vollkommenen Wettbewerbs, durch α und 1-α dargestellt werden. Die EU-Kommission begründet diese Annahmen mit Simplizität und führt an, dass sie auch durch empirische Befunde auf Makroebene nicht widerlegt werden. Innerhalb dieses Modellrahmens können die Produktionselastizitäten nun aufgrund der Lohnquote geschätzt werden. Aus Vergleichbarkeitszwecken wird für alle Länder die gleiche Spezifikation der Produktionsfunktion unterstellt, und zwar mit der mittleren Lohnquote der EU-15 im Zeitraum 1960-2003 als Schätzer für die Produktionselastizität der Arbeit. Hieraus folgt ein Wert von 0,63 für α und definitionsgemäß ein Wert von 0,37 für die Produktionselastizität des Kapitals.[74]

---

[72] Diese Ausführungen richten sich nach Denis et al. (2006), S. 9 ff.
[73] Zur totalen Faktorproduktivität vgl. auch Mankiw (2003), S. 272 f.
[74] Ebd. S. 10.

Um nun mit dieser Cobb-Douglas-Funktion das Produktionspotenzial ermitteln zu können, muss klar festgelegt werden, wie die oben definierte potenzielle Faktornutzung errechnet wird. Die Problematik erwächst in diesem Zusammenhang, ähnlich wie beim Produktionspotenzial selbst, aus der Unbeobachtbarkeit der potenziellen Faktorgrößen. Für den *Kapitalstock* wird das Problem bei diesem Ansatz durch die Annahme gelöst, dass sich der potenzielle Beitrag des Produktionsfaktors Kapital durch die volle Auslastung des vorhandenen Kapitalstocks ergibt. Der Kapitalstock wird über die „Perpetual-Inventory-Methode" gemessen, welche eine Annahme über den Anfangsbestand trifft und anschließend Investitionsströme erfasst sowie Kapitalabschreibungen schätzt.[75]

Im Unterschied hierzu gestaltet sich die Ermittlung des *Beschäftigungspotenzials* schwieriger und es sind mehrere Rechenschritte zur Bestimmung der „normalen" Auslastung des Faktors Arbeit, wie es die Europäische Kommission bezeichnet, erforderlich. Der Arbeitseinsatz wird in geleisteten Arbeitsstunden gemessen. Um das potenzielle Arbeitsangebot in Arbeitsstunden zu ermitteln, wird zuerst die Bevölkerung im erwerbsfähigen Alter mit der Trenderwerbsquote multipliziert, die durch mechanische Trendbereinigung mittels HP-Filter errechnet wurde. Anschließend werden die so ermittelten potenziellen Erwerbspersonen durch die Verwendung der NAIRU[76] gemindert und es ergibt sich die potenzielle Beschäftigung. In einem letzten Schritt wird diese Größe mit dem Trend der durchschnittlichen Arbeitsstunden multipliziert und es ergibt sich das potenzielle Arbeitsangebot. Dieses Vorgehen kann im linken unteren Teil der Abbildung 4 in dem Feld „Potenzielle Arbeit" nachvollzogen werden.

Das Produktionspotenzial bezieht sich in diesem Produktionsfunktionsansatz auf das Produktionsniveau, das mit einem „normalen" Level an Effizienz bei der Verwendung der Inputfaktoren erbracht werden kann. Da die *Gesamtproduktivität (TFP)* nicht direkt beobachtbar ist, wird sie

---

[75] Schuhmacher (2002), S. 59.
[76] Die Europäische Kommission verwendet für neue und alte EU-Mitgliedsstaaten zwei unterschiedliche Methoden um die NAIRU bzw. die NAWRU (Non-Accelerating Wage Rate of Unemployment) zu bestimmen. Vgl. erneut Denis et al. (2006), S. 19-23 und 35-43.

indirekt als so genanntes Solow-Residuum ermittelt. Diese Residualgröße gibt den Anteil des Produktionswachstums an, der nicht durch Veränderungen von Arbeitskräfteangebot und Kapitalbildung erklärt werden kann. Die TFP-Werte werden demzufolge aus den verfügbaren Wachstumsdaten von Produktion und Inputfaktoren sowie den Daten über die Faktoranteile am Output ermittelt.[77] Anschließend wird die so berechnete Zeitreihe durch ein HP-Filterverfahren geglättet und das Ergebnis als potenzielle Gesamtproduktivität interpretiert.

Nachdem die potenziellen Faktorgrößen bestimmt wurden, kann das Produktionspotenzial Y* wie folgt definiert werden:

(10) $Y^* = (L^*)^\alpha (K^*) \cdot TFP^*$

Bei der Berechnungsmethode der Europäischen Kommission setzt ein Kapazitätsauslastungsgrad von 100 Prozent sowohl eine Vollauslastung des Kapitalstocks als auch eine Vollbeschäftigung des Arbeitskräfteangebots voraus. Dass die Schätzungen für die EU-Staaten dennoch relativ häufig eine positive Produktionslücke ergeben, ist nicht zuletzt auf die Ermittlungsmethode der NAIRU bzw. der NAWRU (Non-Accelerating Wage Rate of Unemployment) zurückzuführen. Diese Größe wird deshalb auch im Kritikteil unter Punkt 5.1 eine Rolle spielen.

---

[77] Vgl. Abschnitt 4.3.

4.3 Der nicht-parametrische Ansatz der Deutschen Bundesbank

Die Deutsche Bundesbank verwendete für ihre Schätzungen des Produktionspotenzials lange Zeit eine gesamtwirtschaftliche CES-Produktionsfunktion, bei der die Substitutionselastizität nicht von vornherein auf Eins festgelegt war. Allerdings gab es bei der Umsetzung dieser Methode nach der deutschen Wiedervereinigung verstärkt praktische Probleme und es wurde im Jahr 2003 das so genannte nicht-parametrische Verfahren eingeführt.[78]

Dieser Berechnungsansatz unterstellt ebenfalls, dass sich die gesamtwirtschaftliche Produktion Y durch eine Funktion mit den Faktoren Arbeit, Kapital und dem Stand des technischen Wissens darstellen lässt. Allerdings kommt der nicht-parametrische Ansatz ohne Vorgabe einer konkreten Form der Produktionsfunktion aus. Dabei ergibt sich die Veränderung des Bruttoinlandsprodukts, unter der Annahme konstanter Skalenerträge und eines kostenminimierenden Faktoreinsatzes, durch Wachstumszerlegung nach folgender Formel:

(11) $\Delta y_t = \alpha_t \cdot \Delta l_t + (1 - \alpha_t)\Delta k_t + \Delta tfp_t$

Dabei steht Δ für den Differenzenoperator und Δy, Δl und Δk bezeichnen die Veränderungsraten (Differenz der logarithmierten Variablen) der Produktion, des Arbeitseinsatzes und des Kapitaleinsatzes. Die Größe Δtfp drückt die Veränderungsrate der totalen Faktorproduktivität aus und kann als technischer Fortschritt interpretiert werden.[79] Die Bundesbank verwendet hierbei keine fixe sondern flexible Parameter, indem sie die als zeitvariabel angenommene Produktionselastizität des Faktors Arbeit α durch die empirisch beobachtete Lohnquote des jeweiligen Jahres ermittelt.

Die Bestimmung des Produktionspotenzials erfolgt nun im Rahmen dieses Ansatzes in drei Berechnungsschritten. Zunächst wird die Veränderungsrate der TFP als Solow-Residuum ermittelt. Sie ergibt sich, wie

---

[78] Diese Ausführungen richten sich nach Deutsche Bundesbank (2003), S. 46 ff.
[79] Vgl. auch Scheuerle (2005), S. 6.

bei der Methode der Europäischen Kommission, als Restgröße aus der Wachstumszerlegung („growth accounting"):

(12) $\quad \Delta tfp_t = \Delta y_t - \alpha_t \cdot \Delta l_t - (1-\alpha_t) \cdot \Delta k_t$

Für den Zeitpunkt t wird die mit der Lohnquote α gewichtete Veränderungsrate des tatsächlichen Arbeitsvolumen und die mit der Gewinnquote (1-α) gewichtete Veränderungsrate des Kapitalstocks von der Zuwachsrate des BIP abgezogen.

Im zweiten Schritt werden die Trendwerte für die Veränderungsraten der Faktoren Arbeit, Kapital und Gesamtproduktivität (TFP) mit Hilfe eines HP-Filters berechnet. Abschließend werden die so ermittelten Trendwerte in Gleichung (11) eingesetzt. Es ergibt sich die folgende Potenzialwachstumsrate:

(13) $\quad \Delta y_t^* = \alpha_t \cdot \Delta l_t^* + (1-\alpha_t)\Delta k_t^* + \Delta tfp_t^*$

Um die (logarithmierten) Niveauwerte des Produktionspotenzials zu ermitteln, von dem bisher nur die Wachstumsraten bestimmt wurden, muss ein Startwert festgelegt werden. Dieser wird im Verfahren der Bundesbank so festgelegt, dass die Produktionslücke im Durchschnitt des Schätzzeitraumes den Wert Null annimmt.

Aus dieser letzten Annahme ergibt sich ein durchschnittlicher Auslastungsgrad der Produktionskapazitäten von 100 Prozent. Langfristige Abweichungen von Produktionspotenzial und Bruttoinlandsprodukt werden bei der Bundesbank-Methode konstruktionsbedingt ausgeschlossen.

4.4 Empirische Schätzergebnisse für Deutschland

In den vorherigen Abschnitten wurden die heute üblichen Berechnungsmethoden des Produktionspotenzials und der Produktionslücke ausführlich beschrieben. Nun soll ein kurzer Blick auf die aktuellen Schätzergebnisse für den deutschen Wirtschaftsraum erfolgen, die sich mit diesen Verfahren ergeben. Die einschlägigen Studien zu diesem Thema weisen die Berechnungsergebnisse in Jahresdaten für das Potenzialwachstum und die Produktionslücke aus.

Der Sachverständigenrat verwendet in seinem Jahresgutachten 2006/07 mehrere Filterverfahren und die drei zuvor beschriebenen Produktionsfunktionsansätze zur Schätzung des Produktionspotenzials auf Basis der Jahre 1970 bis 2006.[80] Die Berechnungen ergeben für das Jahr 2005 ein Potenzialwachstum im Bereich von 1,0 % bis 1,3% mit einem Median von 1,2%.[81] Für das Jahr 2006 wird anhand der statistischen Filterverfahren auf ein höheres Potenzialwachstum von 1,3% bis 1,4% geschlossen. Der Schätzwert für die relative Produktionslücke des Jahres 2005 liegt im Bereich von -0,5% bis -1,0%. Für 2006 erwartet der SVR eine leicht positive Produktionslücke. Demzufolge geht der Sachverständigenrat für das Jahr 2006 davon aus, dass das tatsächliche BIP das Produktionspotenzial übersteigt. Abbildung 6 zeigt den Verlauf der Produktionslücken, die mit den Produktionsfunktionsverfahren errechnet wurden. Aus der Grafik wird deutlich, dass die Outputlücke bei allen drei Methoden relativ gleichmäßig um den Wert Null schwankt.

Im Gegensatz zu den Schätzungen des SVR ermittelt die Methode der Europäischen Kommission für das Jahr 2006 eine Produktionslücke von -0,8% des Produktionspotenzials.[82] Diese Lücke wird von 1,1% Potenzialwachstum begleitet. Der zum Vergleich herangezogene HP-Filter ermittelt ein Potenzial- oder Trendwachstum von 1,2% und eine Outputlücke von -1,0%. Im Jahr 2005 lagen die Potenzialwerte auf ähnlichem

---

[80] Allerdings weicht die vom SVR verwendete Methode der Cobb-Douglas-Produktionsfunktion bei der Bestimmung der potenziellen Einsatzfaktoren von der in Abschnitt 4.2 vorgestellten Variante ab.
[81] Sachverständigenrat (2006), S. 54 (Ziffer 89).
[82] Vgl. Anhang A.2.

Niveau wie 2006. Allerdings erwartet auch die Studie der Europäischen Kommission für das Jahr 2007 eine sich schließende Lücke, da das Potenzialwachstum konstant bleibt und das BIP-Wachstum von 1,2% auf 1,6% steigen soll.

Abbildung 6: Produktionslücken für Deutschland mit ausgewählten Schätzverfahren (1977-2006)

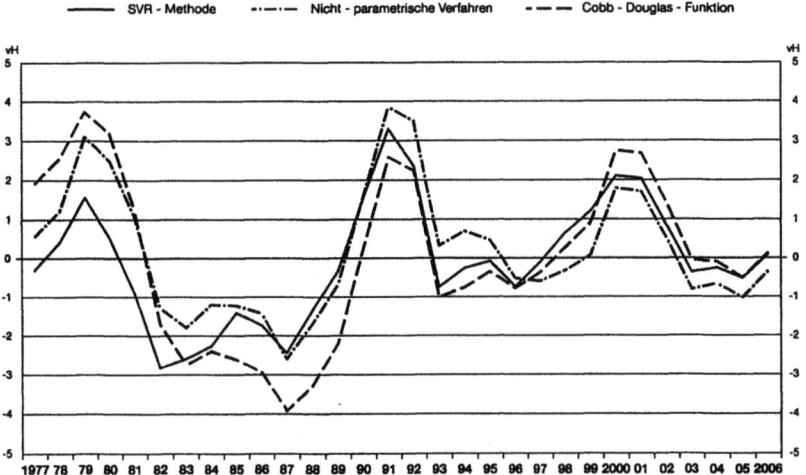

Quelle: In Anlehnung an Sachverständigenrat (2006), S. 54 (Ziffer 89).

Anmerkung: Der Schätzwert für die Produktionslücke der SVR-Methode wird als relative Abweichung des Auslastungsgrades des Produktionspotenzials vom durchschnittlichen Auslastungsgrad berechnet.

Das Zentrum für Europäische Wirtschaftsforschung (ZEW) hat eine vergleichende Analyse der gängigen Schätzmethoden des Produktionspotenzials durchgeführt. In diesem Rahmen erfolgt eine ex post Berechnung der Potenzialwachstumskomponente und der Outputlücke mit verschiedenen univariaten und multivariaten Verfahren auf Grundlage der deutschen BIP-Daten von 1970 bis 2004.[83] In der ZEW-Analyse wird besonderes Augenmerk auf die durchschnittlichen Schätzergebnisse über den gesamten Beobachtungszeitraum gelegt.

Das durchschnittliche Potenzialwachstum liegt bei allen Berechnungsmethoden zwischen 2,1 % und 2,3 %. Darüber hinaus kommt das ZEW zu dem Ergebnis, dass die durchschnittliche Veränderungsrate des Potenzialwachstums bei fast allen Verfahren der tatsächlichen Veränderungsrate des BIP entspricht. Dies gilt sowohl für die univariaten als auch für die multivariaten Verfahren. Ein anderes Ergebnis sei, laut dieser Studie, für die gängigen Berechnungsverfahren des Produktionspotenzials auch nicht zu erwarten, da ihnen das Normalauslastungskonzept zugrunde liegt. Das geschätzte Potenzialwachstum muss per Konstruktion im Durchschnitt der tatsächlichen Veränderung entsprechen.

Vom ZEW wird auch die Frage untersucht, ob die Verfahren interstationär verlaufende Produktionslücken produzieren. Dies konnte für keine der Berechnungsmethoden festgestellt werden und wird bei den meisten Verfahren erneut konstruktionsbedingt ausgeschlossen. Anders ausgedrückt besagt dieses Ergebnis, dass sich die Produktionslücke bei allen Methoden im Zeitverlauf automatisch schließt und deshalb ist die durchschnittliche Produktionslücke für alle Verfahren nahe Null. Als weiteres Ergebnis der Untersuchung ergibt sich, dass die Standardabweichung der Outputlücke durchweg größer ist als die Standardabweichung des Potenzialwachstums bzw. der Trendkomponente.

Diese Untersuchungsergebnisse entsprechen den Annahmen der neoklassischen Konjunkturtheorie, welche eine nicht-dauerhafte, symmetrisch um das Produktionspotenzial schwankende Produktionslücke unterstellen. Des Weiteren bringen die untersuchten Schätzverfahren ein hohes Maß an Übereinstimmung über den Verlauf der Potenzialkomponente und noch stärker über den der Produktionslücke hervor. Die Ergebnisse des ZEW hinsichtlich der Produktionslücke sind auch in Abbildung 6 für die Schätzungen des SVR zu beobachten.

---

[83] ZEW (2006a), S. 102 ff.

Dieser gleichmäßige Verlauf soll allerdings nicht darüber hinweg täuschen, dass die konkreten Werte der verschiedenen Verfahren für das Produktionspotenzial und die Outputlücke zu den einzelnen Zeitpunkten durchaus sehr unterschiedliche Größenordnungen aufweisen.[84] So reicht in der ZEW-Studie beispielsweise die Spannweite für das Potenzialwachstum im Jahr 2004 von 0,39% bis 2,16%. Diese Abweichung von beinahe zwei Prozentpunkten dürfte für viele ökonomische Entscheidungen nicht unerheblich sein.

Weitere Analysen für den Euro-Raum belegen, dass die geschätzten Jahreswerte für die Produktionslücke sogar noch stärker voneinander abweichen.[85] Die Schätzungen mit unterschiedlichen Verfahren stimmen auch nicht immer in der Aussage überein, ob das Produktionsniveau über oder unter dem Produktionspotenzial liegt. Es wird hervorgehoben, dass insbesondere die Schätzungen der aktuellen und der zukünftigen Werte für das Produktionspotenzial und die Produktionslücke mit großer Unsicherheit behaftet sind. Hier spielen Modellunsicherheit, Parameterunsicherheit und Datenunsicherheit eine Rolle, wobei die beiden erstgenannten stärker ins Gewicht fallen.

Im nun folgenden, abschließenden Kritikteil sollen vor allem die abweichenden Ansichten bezüglich der Modell- und Methodenspezifikation thematisiert werden. Allerdings beeinflussen auch die Wahl der Schätzperiode, die rechtzeitige Identifikation von Strukturbrüchen und Datenrevisionen die Robustheit und den Erklärungsgehalt der Schätzergebnisse.

---

[84] Vgl. auch die Ergebnisse im Anhang A.2 für den HP-Filter und die Produktionsfunktionsmethode der Europäischen Kommission.
[85] Vgl. EZB (2000) und Chagny/Döpke (2001).

5 Analyse und Kritik der ausgewählten Verfahren

In diesem letzten Teil der Arbeit soll eine Bewertung der heute üblichen Berechnungsmethoden des Produktionspotenzials erfolgen. Dies soll durch die kritische Diskussion der Auffälligkeiten und Schwächen der Potenzialberechnungsverfahren geschehen, die aus den vorangegangenen Abschnitten abgeleitet werden. Das Ziel ist es, die wichtigsten Kritikpunkte zur Konstruktion und Anwendung der gängigen Schätzmethoden zusammenzutragen und mögliche Alternativen zu den gängigen Berechnungsverfahren und den Potenzialkonzepten aufzuzeigen.

Es wurden in den letzten Jahren verschiedene vergleichende Untersuchungen der empirischen Schätzergebnisse für das Produktionspotenzial vorgenommen. Anhand dieser Analysen kann kein überlegener Ansatz oder Modelltyp zur Bestimmung des Produktionspotenzials bzw. des Potenzialwachstums ausgemacht werden.[86] Vielmehr wird in der Literatur eine parallele Berücksichtigung mehrerer Berechnungsmethoden vorgeschlagen.

Aus dem Methodenüberblick in Abschnitt 3 dieser Arbeit ist jedoch deutlich geworden, dass die multivariaten Verfahren aus ökonomischer Sichtweise den univariaten überlegen sein dürften. Die Vorteile der univariaten Methoden liegen in der einfachen Handhabung und den geringen Datenanforderungen. Jedoch wiegen die Nachteile einer fehlenden ökonomischen Fundierung sowie die Tatsache, dass lediglich eine Extrapolation der Trendkomponente des historischen BIP-Wachstums durchgeführt wird, schwer. Diese Konzepte genügen deshalb nicht den Anforderungen, die an eine Untersuchung des gesamtwirtschaftlichen Produktionspotenzials und die daraus abzuleitenden wirtschaftspolitischen Handlungsempfehlungen gestellt werden.

Die multivariaten Berechnungsmethoden des Produktionspotenzials basieren auf ökonomischen Zusammenhängen und Wechselwirkungen zwischen zentralen volkswirtschaftlichen Größen. Außerdem bieten diese Verfahren die Möglichkeit der Identifikation von eher angebots- oder nachfrageseitigen Beschränkungen des Produktionsniveaus, was

---

[86] Vgl. Schuhmacher (2002), S. 142 f. und Bjørnland/Brubakk/Jore (2005), S. 98.

für wirtschaftspolitische Schlussfolgerungen von besonderem Interesse ist.

Innerhalb der multivariaten Methoden ist die Vorgehensweise der Zustandsraummodelle mit unbeobachtbaren Komponenten und der Strukturellen Vektorautoregressiven (SVAR) Modelle als wenig transparent einzustufen, wenn sie mit dem klaren Produktionsfunktionsansatz verglichen werden. Des Weiteren sind die beiden ökonometrischen Verfahren stärker durch Modellannahmen und Parametergrößen beeinflussbar und die Bestimmungsfaktoren des Potenzials können nur schwierig nachvollzogen werden. Dennoch bieten diese neueren Ansätze interessante Möglichkeiten, da beispielsweise Modellparameter und andere volkswirtschaftliche Größen simultan schätzbar sind. Vor dem Hintergrund des wachsenden Forschungsgebiets der Ökonometrie, verbunden mit technischem Fortschritt und stetig zunehmenden Datenbanken- und Rechnerkapazitäten, sollten diese Berechnungsmethoden weiter erforscht und verbessert werden.

Dem Produktionsfunktionsansatz wird gegenwärtig sowohl in der Literatur als auch in der empirischen Forschung die größte Bedeutung beigemessen. Dies ist auf die ausgeprägte theoretische Fundierung, Transparenz sowie die Möglichkeiten einer Wachstums- oder auch Szenarioanalyse zurückzuführen. In Abschnitt 4 wurde gezeigt, dass unterschiedliche Modellierungen zur Ausgestaltung dieses Ansatzes existieren. Allerdings sind die Anforderungen an das statistische Datenmaterial bei der Produktionsfunktionsmethode im Regelfall recht hoch. Außerdem erfordert die praktische Umsetzung einige zusätzliche Annahmen und Hilfsmittel, um die Produktionsfunktion zu spezifizieren und die potenziellen Einsatzfaktoren zu ermitteln.

Obwohl der Produktionsfunktionsansatz von seinen Eigenschaften her die überlegene Methode zu sein scheint, werden dessen Annahmen und konkrete Umsetzung heftig diskutiert. Interessant erscheint in diesem Zusammenhang die Tatsache, dass die empirischen Ergebnisse in Abschnitt 4.4 kaum Unterschiede zu den einfachen Trendverfahren aufzeigen. Vor diesem Hintergrund soll im Folgenden eine genauere Analyse der Produktionsfunktionsmethode, mit besonderem Blick auf die Bestimmung der potenziellen Einsatzfaktoren und auf die technische Konstruktion der Verfahren aus Abschnitt 4, durchgeführt werden.

5 Analyse und Kritik der ausgewählten Verfahren

5.1 Kritische Betrachtung des Produktionsfunktionsansatzes

In den Produktionsfunktionsansätzen wird das Produktionspotenzial als die nachhaltig zur Verfügung stehenden Angebotsmöglichkeiten der Volkswirtschaft verstanden, die durch Produktionsstruktur, den Stand der Technik und die verfügbaren Produktionsfaktoren bestimmt werden. Ökonomisch betrachtet spiegeln aussagekräftige Schätzungen des Produktionspotenzials und des Potenzialwachstums wirtschaftliche Zwänge wieder, die in den Faktormärkten herrschen. Bei der Betrachtung dieser Zwänge spielt die in Abschnitt 2.2 angesprochene zeitliche Perspektive des Potenzialkonzepts eine große Rolle, denn bei einer längerfristigen Analyse steigt die Anzahl der endogenen Faktoren.

Die kapitalstockorientierte Methode des Sachverständigenrates weist in diesem Zusammenhang die größten Schwächen auf. Hier wird eine einseitige Beschränkung des potenziellen Outputs durch den Produktionsfaktor Kapital unterstellt. Allerdings hängt gerade die Höhe des Kapitalstocks in der mittel- und langfristigen Perspektive von den Entwicklungen des Arbeitskräfteangebotes und dem technischen Fortschritt ab. Der Kapitalstock einer Volkswirtschaft kann relativ kurzfristig durch Investitionen erhöht werden. Hingegen verändert sich das Arbeitskräftepotenzial nur sehr langfristig, wenn von der Möglichkeit der Einwanderung abgesehen wird. Auch aus wirtschaftspolitischer Sicht ist die alleinige Begrenzung des Produktionspotenzials durch den Faktor Kapital nicht einleuchtend, denn die Vollauslastung des Kapitalstocks ist kein explizites Ziel der Wirtschaftspolitik. Vielmehr wird von den politischen Akteuren durch angestrebte Vollbeschäftigung eine Vollauslastung des Arbeitskräftepotenzials gefordert. Aus dieser Argumentation ergibt sich, dass zur Erreichung des Ziels Vollbeschäftigung der Kapitalstock durch geeignete wirtschaftspolitische Maßnahmen angepasst werden sollte. Bei einer Potenzialberechnung ist folglich das hier vernachlässigte Arbeitskräftepotenzial die exogene Größe und das Kapital sollte endogen variieren. Das der Methode des Sachverständigenrates zugrundeliegende Potenzialkonzept wird deshalb an dieser Stelle als unzureichend bewertet und die folgenden Ausführungen beziehen sich insbesondere auf die

Produktionsfunktionsansätze, die auf den Produktionsfaktoren Arbeit, Kapital und der totalen Faktorproduktivität (TFP) basieren.[87]

Im Regelfall unterscheiden sich die so aufgebauten Produktionsfunktionsansätze darin, ob von einer Cobb-Douglas-Produktionsfunktion (Methode der Europäischen Kommission) oder vom nichtparametrischen Ansatz (Deutsche Bundesbank) ausgegangen wird. Die praktische Umsetzung dieser beiden Ansätze variiert jedoch grundsätzlich nur in dem Punkt, dass beim nicht-parametrischen Ansatz variable Produktionselastizitäten aus der jährlichen Lohnquote verwendet werden. Dies könnte ein Vorteil sein, wenn sich die Faktoreinkommensanteile im Laufe des Schätzzeitraumes stark verändert haben.

Bei den heute üblichen Produktionsfunktionsansätzen werden in der Regel vollkommener Wettbewerb, Grenzproduktivitätsentlohnung und konstante Skalenerträge, d.h. Eins als Summe der Produktionselastizitäten, unterstellt. Diese Annahmen, insbesondere konstante Skalenerträge, werden oft als zu restriktiv angesehen, erleichtern aber die Implementierbarkeit und Analyse der Methoden.[88] Die größten Schwierigkeiten bei der Verwendung der Produktionsfunktionsmethode entstehen durch die Unbeobachtbarkeit der potenziellen Einsatzfaktoren bzw. der Veränderungsrate dieser Größen.

Am kompliziertesten gestaltet sich die *Ermittlung des potenziellen Arbeitskräfteangebots*. Einige Verfahren, wie unter anderem auch die Bundesbank-Methode, lösen dieses Problem sehr pragmatisch. Die trendmäßige Veränderungsrate des Arbeitsvolumens wird mit einem HP-Filter geglättet und die so ermittelte Trendkomponente in die Produktionsfunktion eingesetzt. Bei dieser Vorgehensweise kommen jedoch alle für den HP-Filter beschriebenen Nachteile zum Tragen.

---

[87] Solche Ansätze werden, wie bereits erwähnt, von den meisten internationalen Organisationen verwendet. Vgl. beispielsweise Beffy et al. (2006) für die OECD-Methode und CBO (2001) für das Verfahren des Congressional Budget Office in den USA.
[88] In Ansätzen der Neuen Wachstumstheorie wird häufig von steigenden Skalenerträgen ausgegangen. Vgl. Jorgenson/Ho/Stiroh (2006), S. 10 und Hulten (2000).

Die Europäische Kommission geht hier gewissenhafter vor, jedoch kommt auch sie nicht ohne diese Filtermethode aus. So fließen in das potenzielle Arbeitsangebot die HP-gefilterte Trend-Erwerbsquote und die Trendarbeitsstunden ein. Tatsächliche Potenzialgrößen wären hier wünschenswert, da insbesondere die einfache Glättung der Veränderungsrate der Erwerbsquote Gefahren in sich birgt. Die Trend-Erwerbsquote spiegelt lediglich die historische Entwicklung des Verhältnisses der Erwerbspersonen zur erwerbsfähigen Bevölkerung wider. Liegt beispielsweise die Arbeitslosenquote aufgrund anhaltender wirtschaftlicher Missverhältnisse längere Zeit über dem natürlichen Niveau, bieten einige Individuen ihre Arbeitskraft gar nicht mehr an. Sie sehen unter den aktuellen Bedingungen des Arbeitsmarktes keine Chancen, ein Arbeitsverhältnis eingehen zu können, würden aber bei verbesserter wirtschaftlicher Lage ihre Arbeitskraft wieder zur Verfügung stellen. Diese Personen werden bei der Trenderwerbsquote nicht berücksichtigt, kämen jedoch als potenzielle Erwerbspersonen in Frage.

Auch bei den veranschlagten Arbeitsstunden gibt ein HP-Trend vor allem die Veränderungen und Werte der letzten Jahre wieder (Randwertproblem). Herrschte in diesen Jahren eine ungewöhnlich zähe Stagnation, so lagen auch die durchschnittlichen Arbeitsstunden auf einem niedrigen Niveau, da beispielsweise Vollzeitarbeit in Teilzeitarbeit umgewandelt wurde.

Um der Forderung des Potenzialkonzepts nach einem inflationsneutralen Output gerecht zu werden, benutzt die Europäische Kommission das Beschäftigungsniveau bei inflationsstabiler Arbeitslosenrate (NAIRU). Allerdings ist das Konzept der NAIRU selbst höchst umstritten. Bereits die theoretische Auseinandersetzung mit dieser Größe eröffnet große Interpretationsspielräume und führt zu unterschiedlichen wirtschaftspolitischen Schlussfolgerungen.[89] Hinzu kommt, dass die NAIRU ebenfalls eine unbeobachtbare Größe ist und sich bei der empirischen Berechnung ähnliche Probleme wie beim Produktionspotenzial ergeben. Es wird unter anderem kritisiert, dass die mit den üblichen, meist auf Kalman-Filterverfahren basierenden, Methoden errechnete NAIRU relativ stark

---

[89] Vgl. Franz (2005) und ZEW (2006a), S.67-69 und S. 96 f.

der Entwicklung der tatsächlichen Arbeitslosenquote folgt. Auch methodische Verbesserungsversuche zeigten bisher wenig Erfolg.[90]

Alles in allem kann gesagt werden, dass die Ermittlung des potenziellen Arbeitskräfteangebots beim Produktionsfunktionsansatz an mehreren Stellen auf der Trendbereinigung mit statistischen Filterverfahren aufbaut. Als Folge dieser Verfahrensweise fließen die trendbereinigten, tatsächlich geleisteten Arbeitstunden der Vergangenheit und nicht die in Verbindung mit Vollbeschäftigung potenziell möglichen Arbeitsstunden der Volkswirtschaft in die Potenzialschätzung ein. Dies ist selbst für die kurzfristige Schätzung eines Potenzials wohl zu wenig.

In der Regel wird bei den Produktionsfunktionsmethoden nicht zwischen tatsächlichem und potenziellem *Kapitalstock* unterschieden. Vielmehr wird in der Produktionsfunktion das tatsächliche Wachstum des Kapitalstocks berücksichtigt und bei der Bundesbank-Methode ebenfalls mit dem HP-Filter geglättet. Eine volle Auslastung des Kapitalstocks beschränkt jedoch die gesamtwirtschaftlichen Produktionsmöglichkeiten nur aus kurzfristiger Perspektive. Die große Bedeutung, die bei der mittel- bis langfristigen Betrachtungsweise des Produktionspotenzials den Investitionen zukommt, wurde in dieser Arbeit bereits mehrfach betont. Der Kapitalstock ist langfristig gesehen endogen und korreliert mit der Wachstumsrate der Investitionstätigkeit.[91]

War die Investitionstätigkeit beispielsweise in den letzten Jahren zu niedrig, um ein nachhaltiges Wirtschaftswachstum aufrechtzuerhalten, so fiel die veranschlagte tatsächliche Wachstumsrate des Kapitalstocks viel geringer aus als für ein Produktionsniveau mit Vollbeschäftigung nötig wäre. Erhöhte Investitionsaktivität ist in diesem Fall jedoch gerade die Voraussetzung für ein zur Vollbeschäftigung hinführendes Wirtschaftswachstum. Die Wachstumsrate des Kapitalstocks läge somit in der Wachstumsphase definitionsgemäß über der Wachstumsrate der Vergangenheit.

---

[90] Vgl. auch Horn/Logeay/Tober (2007), S. 9 –17.
[91] Vgl. Barbosa-Filho (2005), S. 55 f.

Auch die in den oben dargestellten Produktionsfunktionsverfahren als Solow-Residuum ermittelte Zeitreihe der *Gesamtproduktivität (TFP)* wird mit einem HP-Filter geglättet und als potenzieller technischer Fortschritt interpretiert. Die mit dem Filterverfahren verbundenen Probleme kommen hier dadurch zum Tragen, dass in Anlehnung an die Diskussion zum Kapitalstock in investitionsschwachen Perioden auch die Wachstumsrate des technischen Fortschritts geringer ausfällt. Empirische Analysen zur Wachstumszerlegung heben die zentrale Rolle des technischen Fortschritts im Wachstumsprozess hervor. Beim so genannten „growth accounting" wird das Produktionswachstum im Euro-Raum zu über 50% dem technischen Fortschritt zugeschrieben.[92] Aus diesem Grund wurden von der Europäischen Kommission bereits Anstrengungen unternommen die HP-Methode zur Bestimmung der potenziellen totalen Faktorproduktivität zu verbessern.[93]

Eine Studie des Instituts für Makroökonomie und Konjunkturforschung (IMK) hat hingegen eine ökonometrische Methode zur Schätzung der TFP entwickelt, die weitere ökonomische Variablen einbezieht. Bei dieser Berechnung wird angenommen, dass die gesamtwirtschaftliche Investitionsquote, die Ausgaben pro Kopf für Forschung und Entwicklung sowie die US-amerikanische TFP einen signifikanten Einfluss auf die deutsche TFP haben.[94] Mit diesem Schätzverfahren ergibt sich im Jahr 2005 eine Zuwachsrate der potenziellen totalen Faktorproduktivität von 1,7%. Der tatsächliche Anstieg der TFP für Deutschland lag im gleichen Jahr bei 1,0%. Die Europäische Kommission errechnete hingegen lediglich einen Trendanstieg der potenziellen TFP von 0,8%.

Der Potenzialwert nach der Methode des IMK liegt somit fast einen ganzen Prozentpunkt höher als der Trendwert der Kommission. Da der Anstieg der potenziellen Gesamtproduktivität eins zu eins in den Anstieg des Produktionspotenzials übertragen wird, ergibt sich allein aus

---

[92] Musso/Westermann (2005).
[93] Denis et al. (2006), S. 44-57.
[94] Diese Ausführungen richten sich nach Horn//Tober (2007), S. 4 f. sowie Horn/Logeay/Tober (2007), S. 17 ff.

dieser unterschiedlichen TFP-Berechnungsmethode eine Differenz von 0,9 Prozentpunkten im Potenzialwachstum.

Durch die detaillierte Analyse des Produktionsfunktionsansatzes konnten einige neue Erkenntnisse gewonnen werden. Obwohl der Produktionsfunktionsansatz vom Prinzip her den anderen herkömmlichen Berechnungsmethoden des Produktionspotenzials überlegen ist und durch ökonomische Fundierung besticht, weist er einige Schwachpunkte auf. Insbesondere die Tatsache, dass bei der Potenzialschätzung an verschiedenen Stellen relativ einfache Filterverfahren wie der HP-Filter zum Einsatz kommen, wirkt sich nachteilig aus. Die Schätzung des Produktionspotenzials wird am Ende des Schätzzeitraums stark von neuen Datenpunkten beeinflusst und das geschätzte Potenzialwachstum liegt relativ nah an den realisierten Zuwachsraten des BIP der zurückliegenden Jahre. Die Bundesbank schließt durch die Annahme, dass die durchschnittliche Produktionslücke Null ist, ein längerfristiges Abweichen des Potenzialwachstums vom BIP-Wachstum sogar konstruktionsbedingt aus.

Über die gesamte vorliegende Arbeit betrachtet, scheint der Produktionsfunktionsansatz der Europäischen Kommission von den bisher vorgestellten Methoden der ausgereifteste zu sein. Dennoch treffen viele der aufgezeigten Kritikpunkte auch auf dieses Schätzverfahren zu.

Die angeführten Potenzialberechnungsmethoden werden im Regelfall für die Analyse der kurz- bis mittelfristigen Entwicklungsmöglichkeiten der gesamtwirtschaftlichen Produktion verwendet. Für die vorausschauende Untersuchung der potenziellen Kapazitäten wird das geschätzte Produktionspotenzial mit Hilfe der Produktionsfunktion in die Zukunft projiziert. An dieser Stelle könnte ebenfalls eine Kritik an der üblichen Verwendung des Begriffs Produktionspotenzial ansetzen, da das langfristige Potenzialkonzept aus Abschnitt 2.2 nicht ausreichend berücksichtigt wird. Auch in diesem Punkt hat die Produktionsfunktionsmethode der Europäischen Kommission am meisten zu bieten. Die Prognoseeigenschaften und Projektionsverfahren dieser Methode wurden erst kürzlich überprüft und verbessert.[95]

---

[95] Denis et al. (2006), S. 12 f.

5.2 Irrungen der Potenzialberechnung und Auswirkungen auf die Wirtschaftspolitik

In der vorliegenden Arbeit wurde der Begriff Produktionspotenzial in Anlehnung an Okun als das Produktionsniveau aufgefasst, das nachhaltig und somit ohne Inflationserhöhung erreichbar ist. Die Definition zielt demnach nicht auf einen technisch maximalen, durch Ressourcen begrenzten Output ab, sondern bezieht Preis- und Lohnbildung ein. Es werden die bestehenden Verhältnisse auf Güter- und Arbeitsmärkten bei der Berechnung der Wachstumsmöglichkeiten einer Volkswirtschaft berücksichtigt. Aus diesem Grund enthält die Potenzialgröße wichtige Hinweise für die Betätigungsfelder der Wirtschaftspolitik.[96]

Damit der wirtschaftspolitische Nutzen der Potenzialgrößen ausgeschöpft werden kann, müssen die empirischen Berechnungen korrekte und zumindest kurz- bis mittelfristig verlässliche Ergebnisse hervorbringen. In der vorangegangenen Abhandlung wurden verschiedene Schwachpunkte der heute üblichen Berechnungsmethoden des Produktionspotenzials herausgearbeitet. Es konnte hierbei verdeutlicht werden, dass auch der weit verbreitete Produktionsfunktionsansatz von kritikwürdigen Annahmen ausgeht und einige Konstruktionsschwächen aufweist.

In der wissenschaftlichen Literatur häufen sich daher *die kritischen Stimmen* zu den geläufigen Schätzmethoden des Produktionspotenzials bzw. des Potenzialwachstums. Diese Kritik geht über die übliche Ansicht hinaus, dass die Probleme der Potenzialschätzung durch den parallelen Einsatz mehrerer Berechnungsverfahren gelöst werden können.[97] Es wird vielmehr die Meinung vertreten, dass ein mit den heute üblichen Verfahren geschätztes Produktionspotenzial keine zuverlässige Orientierung für wirtschaftspolitische Entscheidungen geben kann.

Die Hauptaussage der Kritik besteht darin, dass der theoretisch wichtige Begriff des Produktionspotenzials, mit den heute üblichen Methoden, empirisch nicht mit hinreichender Sicherheit zu fassen ist. Wie unter

---
[96] Vgl. Punkt 2.3.
[97] ZEW (2006b), S. 5 und vgl. auch Fußnote 93.

Punkt 4.4 bereits erläutert, sind die Schätzergebnisse für die einzelnen Jahreswerte des Potenzialwachstums und der Produktionslücke mit großen Unsicherheiten behaftet. Die EZB betont, dass die Ansichten über die geeignete Modellspezifikation und Parameterwahl für die Potenzialschätzung auseinander gehen.[98] Weitere Probleme entstehen für die Berechnungen des Produktionspotenzials, die auf historischen Werten beruhen, wenn New-Economy-typische Strukturbrüche auftreten. Diese können erst mit deutlicher Verzögerung durch die gängigen Methoden abgebildet werden.

Eine erst kürzlich vom Institut für Makroökonomie und Konjunkturforschung (IMK) veröffentlichte Analyse hat die Schätzergebnisse des Produktionspotenzials im Zeitablauf verglichen.[99] Als Ergebnis wurde festgestellt, dass sich die Einschätzung der Produktionslücke und des Produktionspotenzials Deutschlands im Laufe der vergangenen zehn Jahre zum Teil binnen Jahresfrist erheblich verändert hat. Dies gilt sowohl für die Schätzungen durch die Europäische Kommission als auch durch die OECD und den Internationalen Währungsfond.

Abbildung 7 zeigt die unterschiedlichen Ergebnisse der Potenzialschätzung der Europäischen Kommission (EK) aus Sicht des Jahres 2006, aus Sicht des Jahres 2000 und aus der jeweils aktuellen Sicht (Echtzeit). Die Differenzen zwischen der Einschätzung in der Vergangenheit und im Rückblick fallen für die Berechnungen des Internationalen Währungsfonds und der OECD sogar noch deutlicher aus.

Die beobachteten Revisionen der Schätzergebnisse sind mit bis zu 3% Unterschied bei der Produktionslücke quantitativ bedeutsam und implizieren sogar ein völlig anderes Konjunkturbild, da sich negative Produktionslücken in deutlich positive wandeln. Der Blick auf die geschätzten Produktionslücken anderer Länder bestätigt, dass die Revisionsanfälligkeit von Potenzialschätzungen ein allgemeines Problem ist.

---

[98] EZB (2000), S. 44 ff.
[99] Die folgenden Ausführungen richten sich nach Horn//Tober (2007).

Abbildung 7: Produktionslücke und Potenzialwachstum für Deutschland (Schätzungen der EU-Kommission zu verschiedenen Zeitpunkten)

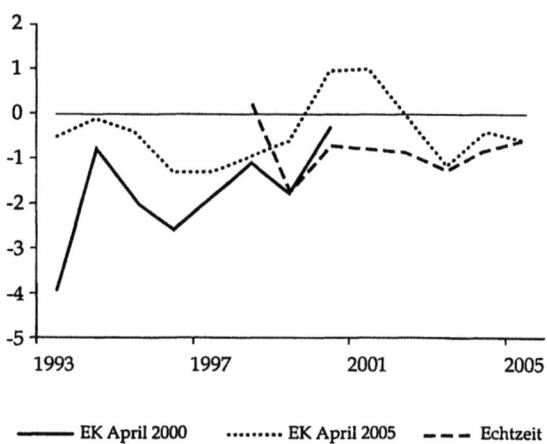

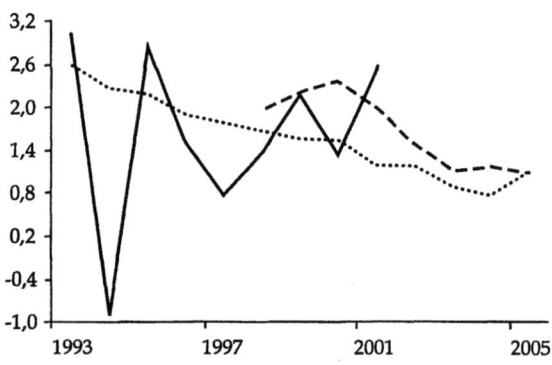

Quelle: In Anlehnung an Horn//Tober (2007), S. 5.

Anmerkung: Echtzeit bezeichnet die Schätzung für das jeweilige Vorjahr. Die Änderungsrate des Echtzeit-Produktionspotenzials wird hier auf der Grundlage des BIP und der Produktionslücke eines Jahres und des Vorjahres, wie im darauf folgenden Jahr ausgewiesen, berechnet.

Als entscheidende Ursache für Revisionen des geschätzten Produktionspotenzials werden die in den Berechnungsmethoden eingesetzten statistischen Filterverfahren angeführt. Aus Punkt 5.1 wird ersichtlich, dass selbst der komplizierte Produktionsfunktionsansatz, wie die anderen gängigen Methoden auch, nur einen Trendoutput schätzt. Es wird ein Produktionsniveau berechnet, das sich ergäbe, wenn die jüngere Vergangenheit fortgeschrieben wird, der aktuelle Konjunkturzyklus die durchschnittliche Länge aufweist und sich sämtliche Einflussfaktoren in üblicher Weise entwickeln. Die im Allgemeinen verwendeten Berechnungsmethoden liefern somit lediglich Erkenntnisse über den Wachstumstrend und nicht über die Höhe des Potenzials.

Ein Produktionspotenzial hängt von komplexen endogenen Zusammenhängen ab und kann durch die vorgestellten Potenzialschätzungen nicht erfasst werden. Längere Phasen eines Produktionsanstiegs führen zu sich selbst verstärkenden Wachstumseffekten, wie eine zunehmende Produktivität oder eine erhöhte Erwerbsbeteiligung. Diese Effekte können nicht durch univariate Filterverfahren erfasst werden.

Aus den zuvor genannten Gründen geht die Kritik an den Verfahren zur Potenzialbestimmung teilweise noch einen Schritt weiter. In Bezug auf die aktuelle wirtschaftspolitische Diskussion in Deutschland drängt sich folgende Vermutung auf: Das Produktionspotenzial wird aufgrund der heute üblichen Berechnungsmethoden systematisch unterschätzt.[100] Die in dieser Arbeit vorgenommene kritische Analyse der Schätzverfahren unterstützt diese Vermutung. Eine Potenzialschätzung für Deutschland anhand der herkömmlichen Methoden errechnet ein Trendoutput auf Basis der BIP-Entwicklung und der Wirtschaftsdaten der vergangenen Jahre. Nach allgemeinem Konsens war die wirtschaftliche Lage Deutschlands allerdings gerade in dieser Zeit durch eine sinkende Investitionsquote, hohe Arbeitslosenzahlen und ein relativ geringes Wirtschaftswachstum gekennzeichnet.

Die Unsicherheiten bei der Potenzialschätzung mit den üblichen Methoden werfen für die aktuelle *Wirtschaftspolitik* gravierende Probleme auf. Das Produktionspotenzial gibt Aufschluss darüber, wie stark das inflati-

---

[100] Vgl. Solow (2000), S. 10-13 und Holtfrerich (2007), S. 99-106.

onsfreie Wachstum einer Volkswirtschaft sein kann. Je stärker das Potenzialwachstum ausfällt, desto später sollte ein Aufschwung gebremst werden bzw. desto expansiver sollte die Wirtschaftspolitik ausfallen. Wird das Potenzial, wie von einigen Wissenschaftlern und Wissenschaftlerinnen vermutet, unterschätzt, reagiert die Wirtschaftspolitik möglicherweise zu restriktiv. Ihre Möglichkeiten zur Stabilisierung, d.h. Wiederherstellung der Vollbeschäftigung bei anhaltender Preisstabilität, werden nicht genutzt.

Dies betrifft insbesondere die Geldpolitik, da sie sich wie zu Beginn erläutert, sowohl bei der Inflationsprognose als auch bei der Beurteilung der Geldmengenentwicklung an der Größe des Produktionspotenzials orientiert. Die Aufgabe der EZB ist es, bei einem erwarteten Überschreiten der Wachstumsgrenze rechtzeitig zu bremsen, um Preisstabilität zu wahren. Bei einem unterschätzten Produktionspotenzial wird sie demzufolge einem Aufschwung zu früh gegensteuern und nicht so lange abwarten, bis die nachhaltig erreichbaren Wachstumsmöglichkeiten ohne Inflation ausgeschöpft sind. Selbst unsichere Potenzialschätzungen führen bereits zu ähnlichen Konsequenzen, da die EZB als „Währungshüterin" vorsichtig agieren wird.

Ähnliche Schwierigkeiten ergeben sich für die Finanzpolitik. Zum einen resultieren aus den Revisionen der Schätzergebnisse ständig schwankende strukturelle Haushaltssalden. Dies erschwert beispielsweise die Umsetzung der Empfehlungen der Europäischen Kommission, die strukturellen Defizite im Rahmen des Stabilitäts- und Wachstumspaktes zu reduzieren. Andererseits werden durch die herkömmlichen Methoden angebots- und nachfrageseitige Beschränkungen des aktuellen Produktionsniveaus nicht korrekt identifiziert.[101] Vielmehr wird, wie im Übrigen auch die bestehende Arbeitslosigkeit, das Defizit in den Haushalten als überwiegend strukturell diagnostiziert, obwohl es gegebenenfalls durch eine Nachfrageschwäche hervorgerufen wurde. Eine Therapie durch Nachfragestimulierung wird somit durch die Konstruktion der Potenzialberechnungsmethoden ausgeschlossen.

---

[101] Diese Ausführungen richten sich nach P. Bofingers Minderheitsmeinung in: Sachverständigenrat (2005), S. 220 f. (Ziffer 336).

Weiter oben wurde bereits auf die Probleme hingewiesen, welche Revisionen der Potenzialschätzungen auf die Konjunkturanalyse haben. Hinsichtlich der Verwendung des Produktionspotenzials für Wachstumsprognosen stellt sich die Situation jedoch anders dar. Die herkömmlichen Berechnungsmethoden eignen sich hervorragend für kurz- bis mittelfristige Prognosen des BIP, da sie ja gerade auf eine Zerlegung des tatsächlichen Wachstums in eine langfristige Trend- und kurzfristige Konjunkturkomponente abzielen. Bleiben die wirtschaftlichen Rahmenbedingungen einer Volkswirtschaft unverändert, so können dem geschätzten Trendoutput gute Prognoseeigenschaften bescheinigt werden.

Anhand der Diskussion der Auswirkungen auf die Wirtschaftspolitik werden einige Dinge deutlich. Es ist bei der Bewertung der Berechnungsmethoden des Produktionspotenzials stets wichtig, dass der Zweck der Potenzialermittlung hinterfragt wird. Weiterhin spielt es offensichtlich eine Rolle, welche Institution die Potenzialschätzung durchführt. Eine Zentralbank wird das Produktionspotenzial niedriger berechnen als ein unabhängiges Forschungsinstitut, das die aktuelle Wirtschaftspolitik kritisiert. Die gängigen Berechnungsmethoden können durchaus in der wirtschaftspolitischen Analyse angewendet werden, wenn ein Wachstumstrend ermittelt werden soll und nicht das Potenzial. Ist aber für die wirtschaftspolitische Entscheidung die Frage von Bedeutung, wie stark eine Volkswirtschaft, zum Beispiel durch ein umfassendes Reformpaket, expandieren kann, ohne inflationären Druck auszulösen, so sind die heute verwendeten Potenzialberechnungsmethoden ungeeignet. Dies gilt sowohl für die Verfahren des Sachverständigenrates, der Bundesbank als auch der EU-Kommission. Eine strikte Trennung der Konzepte Trendoutput und Produktionspotenzial wäre in diesem Zusammenhang wünschenswert.

In den kritischen Analysen der heute üblichen Berechnungsmethoden werden *verschiedene Vorschläge* unterbreitet, wie mit den methodischen Schwächen umgegangen werden sollte. Einerseits wird dafür plädiert mit der gebotenen Vorsicht zu agieren, wenn gesamtwirtschaftliche Potenzialgrößen zur wirtschaftspolitischen Entscheidungsfindung herangezogen werden.[102] Dies birgt jedoch die Gefahr in sich, dass das

---

[102] Musso/Westermann (2005), S. 6 oder Chagny/Döpke (2001), S. 326.

Produktionspotenzial und folglich die Produktionslücke bewusst konservativ quantifiziert und eher zu niedrig eingeschätzt werden. Als Folge dieser Politikstrategie würde sich ein gegebener Zustand, nämlich der aktuelle Trend, verfestigen.

Aus diesem Grund läuft ein weiterer Vorschlag darauf hinaus, den mit Unsicherheit behafteten Größen des Produktionspotenzials und der Produktionslücke bei wirtschaftspolitischen Entscheidungen nur ein geringes Gewicht beizumessen.[103] Die Geldpolitik könnte sich bei ihrer Inflationsprognose und für Hinweise auf eine Über- oder Unterauslastung der Volkswirtschaft stärker an der Entwicklung der Lohn(stück)kosten orientieren. In der Finanzpolitik könnte ein Blick auf längerfristige Ausgabenpfade die fehlenden verlässlichen Produktionslückenschätzungen ergänzen.

Jedoch vertreten nicht alle kritischen Stimmen zu den Potenzialberechnungen die Meinung, dass dieses theoretisch attraktive Konzept aufgrund mangelhafter Schätzverfahren aufgegeben werden sollte. Vielmehr wird die Verbesserung der gängigen Berechnungsmethoden des Produktionspotenzials gefordert. Hierbei sind erneut verschiedene Wege denkbar. Die Verbesserung der ökonometrischen Methoden wurde oben bereits angesprochen. Grundsätzlich wäre es ratsam, unabhängig vom Berechnungsansatz, verstärkt empirisch gesicherte Erkenntnisse und Wechselwirkungen zwischen ökonomischen Variablen einzubeziehen.

Wie zu Beginn dieser Arbeit gezeigt wurde, gibt es verschiedene theoretische Zugänge zum Potenzialkonzept. Die verschiedenen theoretischen Ansätze können jeweils auch verschiedene empirische Ansätze inspirieren. Des Weiteren sollte auf tradierte Ansätze zurückgegriffen werden, die heute im europäischen Wirtschaftsraum in Vergessenheit geraten sind. In der US-amerikanischen Wirtschaftsforschung erfolgt eine zur Problemlösung hinführende Ideenfindung oftmals pragmatischer und weniger dogmatisch. Im folgenden Abschnitt werden deshalb insbesondere alternative Berechnungsansätze aus dem angelsächsischen Raum eine große Rolle spielen.

---

[103] Horn//Tober (2007), S. 9.

5.3 Ausblick auf alternative Ansätze zur Berechnung des Produktionspotenzials

Die herkömmlichen Berechnungsmethoden des Produktionspotenzials schließen per Konstruktion eine dauerhafte Produktionslücke, in die eine oder andere Richtung, aus. Es wird die Annahme des neoklassischen Theorieansatzes aufgegriffen, dass sich mittel- bis langfristig das tatsächliche Wachstum mit gleichen Veränderungsraten entwickelt wie das Produktionspotenzial. Eine andauernde Differenz zwischen tatsächlicher Produktion und Potenzial wird bei den heutzutage gängigen Schätzverfahren stets eingeebnet.[104]

Eine solche Annahme kann als Dogma bezeichnet werden, da gerade nach einer langjährigen Stagnation in einer Volkswirtschaft viele ungenutzte Ressourcen vorhanden sein sollten. In hoher Arbeitslosigkeit wird diese Tatsache unmittelbar sichtbar. Aus ähnlichen Überlegungen heraus werden in den USA zum Teil Potenzialberechnungsverfahren angewendet, die nicht den oben genannten Annahmen unterliegen. In diesen Berechnungsmethoden spielen vor allem empirische Beobachtungen eine größere Rolle.

So unterstreicht beispielsweise ein einfacher Ansatz die Rolle des Produktionsfaktors Arbeit als beschränkende exogene Größe des Produktionspotenzials. Der Ansatz geht von einem positiven Zusammenhang zwischen sinkender Arbeitslosenquote und gesamtwirtschaftlichem Wachstum aus und ist wiederum auf Okuns empirische Untersuchung der US-Wirtschaft aus dem Jahr 1962 zurückzuführen.[105]

Okun berechnete auf Basis der Arbeitslosenraten der Jahre 1947 bis 1960, dass eine um einen Prozentpunkte gesunkene Arbeitslosenquote mit einer Erhöhung des Bruttoinlandsprodukt der USA um 3% einhergeht. Diese Beziehung von Arbeitsmarkt und volkswirtschaftlichem Output wird als *Okuns Gesetz*[106] bezeichnet, dessen Gültigkeit bis heute als allgemein akzeptiert konstatiert werden kann. Kontroversen existieren

---

[104] Vgl. Solow (2000), S. 9 ff.
[105] Okun (1970), S. 135 ff.
[106] In der Literatur wird oft nur die engl. Bezeichnung „Okun's law" verwendet.

allenfalls darüber, ob die Relation tatsächlich 3:1, wie in Okuns ursprünglicher Untersuchung, oder doch eher 4:1 bzw. nur 2:1 beträgt.[107] Die exakte Größenordnung muss mittels empirischer Studien explizit für die unterschiedlichen Volkswirtschaften und Untersuchungszeiträume ermittelt werden.

Formal kann Okuns Gesetz wie folgt ausgedrückt werden:[108]

(14) $\quad (U_t - U_t^*) = -\omega(Y_t - Y_t^*)$

Hierbei steht U für die Arbeitslosenrate, U* ist die Vollbeschäftigungsarbeitslosenquote und der Parameter ω ergibt sich aus dem genannten Okun-Koeffizienten (1/ω). Vor dem Hintergrund des damaligen Arbeitsmarktes der USA schätzte Okun diesen Koeffizienten auf Drei, gemäß der Relation von 3:1.

Eine Studie aus dem Jahr 2004 verwendet Okuns Gesetz auch zur Schätzung der deutschen Produktionslücke. Die Schätzung beläuft sich auf den Zeitraum von 1992 bis 2002 und errechnet einen Okun-Koeffizienten für Deutschland von 0,806.[109] Dies bedeutet, dass eine um einen Prozentpunkt höhere Erwerbslosenquote einen Wachstumsverlust von 0,8% bewirkt. Der Wert des Okun-Koeffizienten für Deutschland fällt hier vergleichsweise niedrig aus. Eine andere Untersuchung ermittelte auf Grundlage der Jahresdaten von 1961 bis 1999 einen Koeffizienten von 2,27.[110] Im Folgenden wird jedoch der konservativ geschätzte Wert verwendet, um herauszufinden, was Okuns Gesetzmäßigkeit bereits mit dieser Relation über den Kapazitätsauslastungsgrad in Deutschland aussagt.

---

[107] Vgl. Müller (2000), S. 8 f.
[108] Vgl. Chagny/Döpke (2001), S. 317.
[109] Sieg (2004), S. 539.
[110] Landmann/Jerger (1999), S. 24 ff.

5 Analyse und Kritik der ausgewählten Verfahren

Mit dem Okun-Koeffizienten in Höhe von 0,806 ergibt sich folgende Überschlagsrechnung für die Outputlücke im Jahr 2005:

Die minimal seit dem Jahr 1992 in Deutschland erreichte Arbeitslosenquote betrug 8,5% und wird für diese Berechnung als Vollbeschäftigungsarbeitslosenquote betrachtet. Im Jahr 2005 lag die Arbeitslosenquote bei 13,0% und war damit um 4,5 Prozentpunkte höher als die Minimale. Somit ergibt sich für das Jahr 2005 eine Outputlücke von 4,5 · (-0,806) = - 3,627%.[111]

An dieser Stelle wird angemerkt, dass in der künftigen wirtschaftswissenschaftlichen Forschung das Konzept einer „natürlichen Arbeitslosenquote" sowie dessen Verwendungsmöglichkeiten überdacht werden sollten. Wird beispielsweise in Gleichung (14) die Vollbeschäftigungsarbeitslosenquote U^* als NAIRU interpretiert, so kommen alle mit dem NAIRU-Konzept verbundenen Schwierigkeiten zum Vorschein.[112] Ein Blick auf die Arbeitslosenquote in vergangenen Jahren mit vermuteter Vollauslastung der Produktionskapazitäten könnte an dieser Stelle als alternatives Vollbeschäftigungsniveau verwendet werden. Eine solche Vorgehensweise wäre zwar technisch weniger ausgefeilt, würde aber auf empirischen Daten beruhen und träfe den Kern der Problematik. Gleiches gilt für die Verwendung von Okuns Gesetz zur Potenzialermittlung, denn es wird ein potenzielles Produktionsniveau bei Vollbeschäftigung berechnet, welches eine Volkswirtschaft erreichen könnte ohne inflationären Druck auszulösen.

Im Zusammenhang mit der Kritik an den Berechnungsmethoden des Produktionspotenzials im Euro-Raum wird unter anderem gefordert, Okuns Gesetz bei den Schätzverfahren zu berücksichtigen.[113] Die beschriebene Beziehung zwischen Arbeitslosenrate und Produktionspoten-

---

[111] Die Rechnung stützt sich auf die Arbeitslosenzahlen aus Anhang A.1. Es soll mit dieser Überschlagsrechnung die Funktionsweise von Okuns Gesetz verdeutlicht werden. Sie zielt weniger auf einen korrekten Wert der Produktionslücke ab. Aus diesem Grund wurde auch die „Hartz IV-Umstellung" der Arbeitslosenzahlen vernachlässigt.
[112] Vgl. Punkt 5.1.
[113] Vgl. Solow (2000), S. 11 f.

zial kann hierbei auf verschiedene Art und Weise in die bekannten Schätzverfahren integriert werden.

Besonders interessant scheint die Verwendung in der Produktionsfunktionsmethode des CBO.[114] Das Congressional Budget Office verwendet das Verhältnis aus Okuns Gesetz, um die zyklische Komponente des Arbeitskräfteangebots und der Gesamtproduktivität (TFP) zu bestimmen. Es werden mit Hilfe von Regressionsgleichungen und Zeittrends verschiedene erklärende Variablen zur Ermittlung der „Okun's Law-Beziehung" herangezogen. Anschließend berechnet das CBO das potenzielle Niveau der Arbeitsstunden und der TFP, indem die Arbeitslücke auf Null gesetzt wird. Hierdurch wird das Randwertproblem der HP-Filtermethode umgangen und ein nachhaltiges Outputlevel bestimmt. Außerdem wird unter anderem das unter Punkt 5.1 beschriebene Problem der entmutigten (potenziellen) Arbeitskräfte berücksichtigt.[115]

Okuns Gesetz kann darüber hinaus als ökonomische Nebenbedingung in multivariate HP-Filterverfahren implementiert werden.[116] Interessanterweise veränderte sich zum Beispiel die geschätzte Produktionslücke für Australien zwischen 1981 und 1997 um minus zwei Prozentpunkte, als Okuns Gesetz bei dem HP-Filterverfahren berücksichtigt wurde.[117] Die Ergänzung dieses Filterverfahrens um empirisch gesicherte ökonomische Beziehungen, beseitigt jedoch nicht die grundsätzlichen Schwächen eines HP-Filters.

Außerdem besteht die Möglichkeit Okuns Gesetz in multivariaten Zustandsraummodellen mit unbeobachtbaren Komponenten zu verwenden.[118] Dies könnte als Indiz für die Zukunftsfähigkeit dieses multivariaten Modellansatzes gewertet werden.

---

[114] Einen Überblick über die CBO-Methode gibt CBO (2004).
[115] Vgl. CBO (2001), S. 13-15 und S. 42.
[116] Exemplarisch Conway/Hunt (1997).
[117] Vgl. De Brouwer (1998), S. 9-15. Der Vergleich bezieht sich hierbei auf ein univariates HP-Filterverfahren und auf eine multivariate HP-Schätzung ohne Okuns Gesetz.
[118] Vgl. Apel/Jansson (1999) oder Doménech/Gómez (2006).

In der Literatur und in der Geschichte des Potenzialkonzepts befinden sich *weitere interessante Ideen und Ansätze* zur Berechnung des Produktionspotenzials. Der US-amerikanische Council of Economic Advisers machte 1962 im Rahmen seines Konzeptes eines „Full Employment Budget", das Arthur M. Okun mitentwickelte, bemerkenswerte Beobachtungen.[119] Die Erkenntnisse des Councils stützen die oben angesprochene These der „sich selbst verstärkenden Wachstumseffekte".

Im Einzelnen kam der Council damals für die USA zu dem Schluss, dass die zur Schließung der Produktionslücke notwendige Wachstumserhöhung nur etwa zur Hälfte durch eine Erhöhung der Beschäftigungsquote zustande komme.[120] Weitere rund 40 Prozent der Wachstumserhöhung ergäben sich aus der Produktivitätserhöhung, die mit der steigenden Kapazitätsauslastung in einer Aufschwungphase einhergeht. Zusätzliche 12,5 Prozent des erhöhten Wachstums resultieren aus erhöhter Arbeitszeit. Diese Ergebnisse unterstreichen die oben genannten Kritikpunkte an der herkömmlichen Verfahrensweise zur potenziellen Faktorermittlung. Empirisch gesicherte Erfahrungswerte sollten in Zukunft hinzugezogen werden.

Diese Überlegungen führen zu der bereits mehrfach als Vorzug der Produktionsfunktionsmethode angeführten Möglichkeit einer Szenarioanalyse. In der Literatur werden die Analysemöglichkeiten des Produktionsfunktionsansatzes durch eine Wachstumszerlegung oft als Vorteil aufgezeigt. Allerdings schließt sich die Frage an, warum bisher in der einschlägigen Literatur zum Produktionspotenzial von dieser Option noch kein Gebrauch gemacht wurde. In Zukunft wäre eine stärkere Verknüpfung der Ergebnisse aus den Forschungsgebieten „growth accounting" und Potenzialberechnung wünschenswert. Bisher wird die Wachstumszerlegung nur als Ergänzung der Potenzialberechnung angesehen.[121]

---

[119] Economic Report of the President (1962), S. 49-53.
[120] Vgl. Holtfrerich (2007), S.94 ff.
[121] Musso/Westermann (2005), S. 29.

In diesem Zusammenhang könnten auch Paneldatenmodelle, ein neuerer Ansatz der Potenzialberechnung, interessante Zukunftsperspektiven bieten.[122] Es handelt sich bei diesen Verfahren im Prinzip um eine Erweiterung des Produktionsfunktionsansatzes, wobei wesentlich umfassendere Informationen über die technologische Entwicklung und über Einflussgrößen auf die gesamtwirtschaftliche Produktivität berücksichtigt werden. Durch große Länderpanels, die sowohl Querschnitts- als auch Zeitreihendaten beinhalten, können auch diejenigen Produktionswachstumsfaktoren berücksichtigt werden, die weniger über die Zeit, jedoch stärker über den Länderquerschnitt variieren. Erwähnenswert sind hier insbesondere Daten zur Humankapitalbildung, zur endogenen Entwicklung des technischen Fortschritts oder Auswirkungen institutioneller Reformen auf das Potenzial eines Landes. Paneldatenmodelle sind allerdings überwiegend noch Gegenstand der aktuellen Forschung und bringen einen hohen Datenaufwand sowie ökonometrische Probleme mit sich.

---

[122] Ausführlicher zu Paneldatenmodellen ZEW (2006a), S. 100-102.

6 Schlussbetrachtung

Mit dem Begriff Produktionspotenzial wird seit Okun (1962) das gesamtwirtschaftliche Produktionsniveau bezeichnet, das in Annäherung an Vollbeschäftigung und Vollauslastung der Kapazitäten ohne Inflationsdruck erreichbar ist. Eine solche Potenzialgröße sowie die daraus abgeleitete Produktionslücke enthalten wertvolle Hinweise für die Wirtschaftspolitik. Deshalb orientieren sich unter anderem die Geld- und Fiskalpolitik an dem Potenzialkonzept. Auch bei der Konjunktur- und Wachstumsanalyse sowie bei Wachstumsprognosen findet es Verwendung.

Das Produktionspotenzial ist eine empirisch unbeobachtbare Größe, weshalb die Berechnung auf Schätzverfahren beruht. Aus einer Vielzahl von Berechnungsmethoden wurden häufig verwendete Verfahren ausgewählt, überblicksartig vorgestellt und kritisch bewertet. Hierbei wurden die Schätzverfahren in univariate und multivariate Methoden eingeteilt. Die univariaten Berechnungsmethoden zerlegen in der Regel das tatsächliche BIP-Wachstum in eine langfristige Trendkomponente sowie eine Konjunkturkomponente und setzen das Produktionspotenzial dem Trendoutput gleich. Univariate Verfahren, wie der statistische HP-Filter, sind somit für Berechnungen eines nachhaltigen Wachstumspotenzials der Wirtschaft wenig geeignet. Die multivariaten Verfahren berücksichtigen bei der Potenzialschätzung ökonomische Zusammenhänge und weitere wirtschaftliche Variablen. Allerdings sind ökonometrische Zustandsraum- und SVAR-Modelle durch unterschiedliche Modell- und Parameterspezifikationen stark beeinflussbar und zudem wenig transparent.

Von den wirtschaftspolitisch tonangebenden Institutionen in Deutschland und Europa wird gegenwärtig der Produktionsfunktionsansatz zur Potenzialschätzung verwendet. Eine Analyse der Annahmen und der technischen Konstruktion dieses Verfahrens zeigt, dass auch mit der Produktionsfunktionsmethode in der Regel nur ein Trendoutput berechnet wird.

Der Produktionsfunktionsansatz beruht bei der Ermittlung der potenziellen Einsatzfaktoren und der potenziellen Gesamtproduktivität (TFP) auf statistischen HP-Filterverfahren. Es fließen die Trendwerte der vergangenen Jahre in die Produktionsfunktion ein. Sich selbst verstärkende Wachstumseffekte und die Abhängigkeit des Kapitalstocks von variablen Investitionsentscheidungen werden nicht berücksichtigt.

Die empirischen Schätzergebnisse für Deutschland mittels der untersuchten Verfahren sind mit großen Unsicherheiten behaftet und revisionsanfällig. Neuere Studien zu den Produktionsfunktionsmethoden sehen die Ursache für die Unverlässlichkeit der Potenzialschätzungen in den verwendeten statistischen Filtermethoden begründet.

Es ist deutlich geworden, dass die heute üblichen Berechnungsmethoden des Produktionspotenzials ein Produktionsniveau ermitteln, das sich ergäbe, wenn die jüngere Vergangenheit fortgeschrieben wird, der aktuelle Konjunkturzyklus die durchschnittliche Länge aufweist und sich sämtliche Einflussfaktoren in üblicher Weise entwickeln. Tritt in einer Volkswirtschaft eine länger anhaltende, zähe Stagnation ein, wie in den letzten Jahren in Deutschland, wird das Produktionspotenzial, im Sinne Okuns, mit diesen Verfahren in der Regel unterschätzt.

Unverlässliche Potenzialschätzungen werfen für die aktuelle Wirtschaftspolitik gravierende Probleme auf. Deshalb sollten die heute verwendeten Berechnungsmethoden überdacht und verbessert werden. Die Berücksichtigung von Okuns Gesetz zur Potenzialanalyse an Stelle von HP-gefilterter Trendbereinigung stellt eine mögliche Alternative dar. Des Weiteren wäre eine klare Trennung der Konzepte Produktionspotenzial und Trendoutput wünschenswert. Bei mehr Transparenz der zugrunde liegenden Schätzkonzepte und ihrer Leistungsfähigkeit, könnten auch die unterschiedlichen Anforderungen der einzelnen Institutionen an Prognose- oder Potenzialwerte klarer formuliert werden.

Danksagung

Zahlreiche Personen haben mich bei der Erstellung der vorliegenden Arbeit maßgeblich unterstützt. Mein besonderer Dank, für die inhaltliche Betreuung und für zahlreiche Verbesserungsvorschläge, gilt Herrn Prof. Dr. Carl-L. Holtfrerich. Wertvolle Hinweise erhielt ich außerdem von Dipl.-Volkswirt Niclas Rüffer, von den Mitarbeiterinnen und Mitarbeitern der Abteilung Wirtschaft am John F. Kennedy-Institut für Nordamerikastudien an der Freien Universität Berlin sowie von den Teilnehmern des dortigen Forschungscolloquiums im Wintersemester 2006/07.

Beim Erstellen und Korrekturlesen des Manuskripts konnte ich auf tatkräftige Unterstützung aus meinem persönlichen Umfeld bauen. Ich möchte mich hiermit insbesondere bei Meltem Demir, Christiane Höflinger, Katja Winsmann, Oliver Dawid, Marcel Haack, Colin Lenz, Jens Petersen, Andreas Walther sowie meinen Eltern Renate und Klaus Walther bedanken.

A Anhang

A.1 Registrierte Arbeitslose und Arbeitslosenquote für Deutschland

	Deutschland		Früheres Bundesgebiet ohne Berlin[1]		Neue Länder einschl. Berlin	
	Arbeitslose	Arbeitslosenquote[2]	Arbeitslose	Arbeitslosenquote[2]	Arbeitslose	Arbeitslosenquote[2]
	Anzahl	%	Anzahl	%	Anzahl	%
2005	4 860 234	13,0	3 246 097	11,0	1 614 137	20,6
2004	4 381 042	11,7	2 781 347	9,4	1 599 695	20,1
2003	4 376 028	11,6	2 752 589	9,3	1 623 439	20,1
2002	4 060 317	10,8	2 497 678	8,5	1 562 639	19,2
2001	3 852 564	10,4	2 320 500	8,0	1 532 064	18,8
2000	3 889 695	10,7	2 380 987	8,4	1 508 707	18,6
1999	4 100 499	11,7	2 604 720	9,6	1 495 779	18,7
1998	4 280 630	12,3	2 751 535	10,3	1 529 095	19,2
1997	4 384 456	12,7	2 870 021	10,8	1 514 435	19,1
1996	3 965 064	11,5	2 646 442	9,9	1 318 622	16,6
1995	3 611 921	10,4	2 427 083	9,1	1 184 838	14,8
1994	3 698 057	10,6	2 426 276	9,0	1 271 781	15,7
1993	3 419 141	9,8	2 149 465	8,0	1 269 676	15,4
1992	2 978 570	8,5	1 699 273	6,4	1 279 297	14,4
1991	2 602 203	7,3	1 596 457	6,2	1 005 746	10,2
1990	-	-	1 883 147	7,2	-	-
1989	-	-	2 037 781	7,9	-	-
1988	-	-	2 241 556	8,7	-	-
1987	-	-	2 228 788	8,9	-	-
1986	-	-	2 228 004	9,0	-	-
1985	-	-	2 304 014	9,3	-	-
1984	-	-	2 265 559	9,1	-	-
1983	-	-	2 258 235	9,1	-	-
1982	-	-	1 833 244	7,5	-	-
1981	-	-	1 271 574	5,5	-	-

Quelle: Statistisches Bundesamt (erhoben durch Bundesagentur für Arbeit)

1) Bis 1990 Früheres Bundesgebiet und Berlin-West.
2) Arbeitslosenquote der abhängigen zivilen Erwerbspersonen.

A.2 Schätzergebnisse für Produktionslücke und Potenzialwachstum in Deutschland (1981 - 2010)

de	Output Gaps (% of Potential Output)		Actual Output Growth (annual % change)	Potential Growth (annual % change)	
	HP Filter	PF method		HP Trend Growth	PF Potential Growth
1981	0,5	-0,2	0,1	1,9	2,3
1982	-2,1	-3,0	-0,8	1,9	2,1
1983	-2,5	-3,5	1,6	2,0	2,0
1984	-1,8	-2,7	2,8	2,1	2,0
1985	-1,9	-2,3	2,2	2,3	1,8
1986	-1,9	-2,0	2,4	2,4	2,1
1987	-3,0	-2,5	1,5	2,6	2,1
1988	-2,1	-1,3	3,7	2,8	2,4
1989	-1,0	-0,3	3,9	2,9	2,9
1990	1,7	1,8	5,7	2,9	3,6
1991	4,0	3,6	5,1	2,8	3,2
1992	3,6	3,0	2,2	2,6	2,9
1993	0,3	-0,4	-0,8	2,5	2,5
1994	0,6	0,0	2,7	2,3	2,3
1995	0,4	-0,3	1,9	2,1	2,3
1996	-0,6	-1,2	1,0	2,0	1,9
1997	-0,6	-1,1	1,8	1,8	1,7
1998	-0,3	-0,8	2,0	1,7	1,7
1999	0,1	-0,5	2,0	1,6	1,7
2000	1,8	1,1	3,2	1,5	1,5
2001	1,6	1,1	1,2	1,4	1,3
2002	0,4	0,1	0,1	1,3	1,1
2003	-1,0	-1,1	-0,2	1,2	1,0
2004	-0,6	-0,6	1,6	1,2	1,1
2005	-1,0	-0,9	0,8	1,2	1,1
2006	-1,0	-0,8	1,2	1,2	1,1
2007	-0,8	-0,4	1,6	1,3	1,2
2008				1,4	1,2
2009				1,4	1,2
2010				1,4	1,2
Periods					
1981-1985	-1,5	-2,3	1,2	2,0	2,1
1986-1990	-1,2	-0,8	3,5	2,7	2,6
1991-1995	1,8	1,2	2,2	2,5	2,6
1996-2000	0,1	-0,5	2,0	1,7	1,7
2001-2005	-0,1	-0,3	0,7	1,3	1,1
2006-2010				1,3	1,2

Quelle: Denis et al. (2006), S. 61.

Die Spalten 2 und 3 zeigen Schätzergebnisse für die Produktionslücke. Spalte 4 zeigt die tatsächliche Wachstumsrate des BIP und die Spalten 5 und 6 Berechnungsergebnisse für das Potenzialwachstum. HP steht dabei für die HP-Filtermethode und PF für die Produktionsfunktion der Europäischen Kommission.

Literaturverzeichnis

Apel, Mikael/Per Jansson (1999), "System Estimates of Potential Output and the NAIRU", *Empirical Economics 24 (3)*, S. 373-388.

Barbosa-Filho, Nelson H. (2005), *Estimating Potential Output: A Survey of the Alternative Methods and their Applications to Brazil*. Ipea Texto para Discussão 1092, Instituto de Pesquisa Econômica Aplicada, Brasilia.

Beffy, Pierre-Olivier et al. (2006), *New OECD Methods for Supply-side and Medium-term Assessments: A Capital Services Approach*. OECD Economics Department Working Papers 482.

Billmeier, Andreas (2004), *Ghostbusting: Which Output Gap Measure really matters?* IMF Working Paper 04/146.

Bjørnland, Hilde C./Leif Brubakk/Anne S. Jore (2005), "The Output Gap in Norway – A Comparison of Different Methods", *Economic Bulletin 76, Norge Bank*, S. 90-100.

Blanchard, Olivier J./Danny Quah (1989), "The Dynamic Effects of Aggregate Demand and Supply Disturbances", *American Economic Review 79 (4)*, S. 655-673.

Carnot, Nicolas/Vincent Koen/Bruno Tissot (2005), *Economic Forecasting*. Palgrave MacMillan. New York.

Cerra, Valerie/Sweta C. Saxena (2000), *Alternative Methods of Estimating Potential Output and the Output Gap: An Application to Sweden*. IMF Working Paper 00/59.

Chagny, Odile/Jörg Döpke (2001), "Measures of the Output Gap in the Euro-Zone: An Empirical Assessment of Selected Methods", *Vierteljahreshefte zur Wirtschaftsforschung 70 (3)*, S. 310-330.

Christiano, Lawrence J./Terry J. Fitzgerald (1999), *The Band Pass Filter*. NBER Working Paper 7257.

Clark, Peter K. (1979), „Potential GNP in the United States, 1948-80", *Review of Income and Wealth 25 (2)*, S. 141-165.

Coenen, Günter/Volker Wieland (2000), *A Small Estimated Euro Area Model with Rational Expectations and Nominal Rigidities.* ECB Working Paper 30.

Congressional Budget Office – CBO (2001), *CBO's Method for Estimating Potential Output: An Update.* The Congress of the United States.

Congressional Budget Office – CBO (2004), *A Summary of Alternative Methods for Estimating Potential GDP.* CBO Background Paper.

Conway, Paul/Ben Hunt (1997), *Estimating Potential Output: A Semistructural Approach.* Discussion Paper G 97/9, Reserve Bank of New Zealand.

Cotis, Jean-Phillipe/Jorgen Elmeskov/Annabelle Mourougane (2003), *Estimates of Potential Output. Benefits and Pitfalls from a Policy Perspective.* OECD. Paris.

De Brouwer, Gordon (1998), *Estimating Output Gaps.* Research Discussion Paper 9809, Reserve Bank of Australia.

Denis, Cécile/Kieran Mc Morrow/Werner Röger (2002), *Production Function Approach to Calculating Potential Growth and Output Gaps. Estimates for the EU Member States and the US.* Economic Papers 176, European Commission.

Denis, Cécile et al. (2006), *Calculating potential Growth Rates and Output Gaps. A Revised Production Function Approach.* Economic Papers 247, European Commission.

Deutsche Bundesbank (2003), „Zur Entwicklung des Produktionspotenzials in Deutschland", *Monatsbericht März 2003*, S. 43-54.

Doménech, Rafael/Víctor Gómez (2006), „Estimating Potential Output, Core Inflation and the NAIRU as Latent Variables", *Journal of Business & Economic Statistics 24 (3)*, S. 354-365.

Europäische Zentralbank - EZB (1999), „Die stabilitätsorientierte geldpolitische Strategie des Eurosystems.", *EZB Monatsbericht Januar 1999*, S. 43-56.

Europäische Zentralbank - EZB (2000), „Potenzialwachstum und Produktionslücke. Begriffsabgrenzung, Anwendungsbereiche und Schätzergebnisse.", *EZB Monatsbericht Oktober 2000*, S. 39-50.

Europäische Zentralbank - EZB (2004), *The Monetary Policy of the ECB*. Frankfurt am Main.

Economic Policy Committee (2001), *Report on Potential Output and the Output Gap*. Brüssel.

Economic Report of the President (1962), Washington, DC.

Franz, Wolfgang (2005), „Will the (German) NAIRU Please Stand Up?", *German Economic Review 6 (2)*, S. 131-153.

Funke, Michael (1998), *Measuring the German Output Gap Using Unobserved Componet Models*. CEPR Working Paper 02-98.

Gerlach, Stefan/Frank Smets (1999), „Output Gaps and Monetary Policy in the EMU Area", *European Economic Review 43 (4)*, S. 801-812.

Giorno, Claude et al. (1995), „Potential Output, Output Gaps and Structural Budget Balances", *OECD Economic Studies 24 (1)*, S. 167-209.

Heise, Michael (1991), „Das volkswirtschaftliche Produktionspotential. Berechnungsmethoden und Aussagewert.", *WiSt 20 (11)*, S. 553-558.

Holtfrerich, Carl-L. (2007), *Wo sind die Jobs? Eine Streitschrift für mehr Arbeit*. DVA. München.

Horn, Gustav/Camille Logeay/Silke Tober (2007), *Estimating Germany's Potential Output*. IMK Working Paper 02/2007.

Horn, Gustav/Silke Tober (2007), *Wie stark kann die deutsche Wirtschaft wachsen? Zu den Irrungen und Wirrungen der Potenzialberechnung*. IMK Report 17.

Hulten, Charles R. (2000), *Total Factor Productivity: A Short Biography*. NBER Working Paper 7471.

Janger, Jürgen/Johann Scharler/Alfred Stiglbauer (2006), „Aussichten für das Potenzialwachstum der österreichischen Volkswirtschaft – Methoden und Determinanten", *Geldpolitik & Wirtschaft Q1/06*, S. 26-57.

Jorgenson, Dale W./Mun S. Ho/Kevin J. Stiroh (2006), „Potential Growth of the U.S. Economy: Will the Productivity Resurgence Continue?", *Business Economics 41 (1)*, S. 7-16.

King, Robert et al. (1991), „Stochastic Trends and Economic Fluctuations", *American Economic Review 81 (4)*, S. 819-840.

Kriedel, Norbert (2005), „Produktionspotenzial. Schätzprobleme und ausgewählte Ergebnisse.", *Wirtschaftsdienst 85 (11)*, S.731-735.

Landmann, Oliver/Jürgen Jerger (1999), *Beschäftigungstheorie*. Springer. Berlin.

Mankiw, Gregory N. (2003), *Makroökonomik*. Schäffer-Poeschel. Stuttgart.

Müller, Susanne G. (2000), *Bestimmungsgründe der prozyklischen Arbeitsproduktivität. Theorie und Empirie für das Produzierende Gewerbe in der Bundesrepublik Deutschland zwischen 1960 und 1994*. Fachbereich Wirtschaftswissenschaften der Universität Hamburg.

Musso, Alberto/Thomas Westermann (2005), *Assessing Potential Output Growth in the Euro Area. A Growth Accounting Perspective*. ECB Occasional Paper 22.

Njuguna, Angelica E./Stephen N. Karingi/Mwangi S. Kimenyi (2005), *Measuring Potntial Output and Output Gap and Macroeconomic Policy: The Case of Kenya*. Department of Economics Working Paper 2005-45, University of Connecticut.

Okun, Arthur M. (1962), „Potential GNP: Its Measurement and Significance", *1962 Proceedings of the Business and Economic Statistics Section of the American Statistical Association*. Wieder abgedruckt in: Okun, Arthur M. (1970), *The Political Economy of Prosperity*. Washington, D.C., S. 132-145.

Sachverständigenrat zur Begutachtung der gesamtwirtschaftlichen Entwicklung (2003), „Das Produktionspotenzial in Deutschland. Schätzverfahren und Ergebnisse.", in: *Jahresgutachten 2003/04*, S. 412-424 (Ziffern 734 bis 764).

Sachverständigenrat zur Begutachtung der gesamtwirtschaftlichen Entwicklung (2005), *Jahresgutachten 2005/06: Die Chance Nutzen – Reformen Mutig Voranbringen*. Wiesbaden.

Sachverständigenrat zur Begutachtung der gesamtwirtschaftlichen Entwicklung (2006), *Jahresgutachten 2006/07: Widerstreitende Interessen – Ungenutzte Chancen*. Wiesbaden.

Saputelli, Claudio/Martin Neff (2005), *Tieferes Potenzialwachstum in der Schweiz*. Credit Suisse Economic Research. Zürich.

Scacciavillani, Fabio/Phillip Swagel (2002), „Measures of Potential Output: An Application to Israel", *Applied Economics 34 (8)*, S. 945-957.

Scheuerle, Andreas (2005), „Dem deutschen Produktionspotenzial auf der Spur", *Konjunktur – Zinsen – Währungen*, Heft 2005/03, S. 2-8.

Schumacher, Christian (2002), *Alternative Schätzansätze für das Produktionspotenzial im Euroraum*. HWWA Studien 71. Baden-Baden.

Sieg, Gernot (2004), „Produktionspotenzial und Produktionslücke.", *WISU 33 (4)*, S.538-546.

Solow, Robert M. (2000), *Unemployment in the United States and in Europe. A Contrast and the Reasons*. CESifo Working Paper 231.

Taylor, John B. (1993), „Discretion versus Policy Rules in Practise", *Carnegie-Rochester Series on Public Policy 39*, S.195-214.

Torres, Raymond/John P. Martin (1990), „Measuring Potential Output in the Seven Major OECD-Countries", *OECD Economic Studies 1990*, S. 127-149.

Weyerstraß, Klaus (2001), *Methoden der Schätzung des gesamtwirtschaftlichen Produktionspotenzials und der Produktionslücke*. IWH Diskussionspaper 142.

Zentrum für europäische Wirtschaftsforschung - ZEW (2006a), *Methodische Fragen mittelfristiger gesamtwirtschaftlicher Projektionen am Beispiel des Produktionspotenzials*. ZEW Projekt 47/05. Mannheim. (nicht veröffentlicht)

Zentrum für europäische Wirtschaftsforschung - ZEW (2006b), *Methodical Problems of Medium-term Projections using the Example of Potential Output*. Draft Summary of ZEW Project 47/05. Mannheim. (nicht veröffentlicht)

Günther Diruf

Nutzung agiler Produktionsprozesse in Supply Chains für Modeprodukte
Strategien und Optimierungsmodelle zur Reduzierung von Absatzrisiken

Frankfurt am Main, Berlin, Bern, Bruxelles, New York, Oxford, Wien, 2007.
VIII, 248 S., zahlr. Tab. und Graf.
Europäische Hochschulschriften: Reihe 5, Volks- und Betriebswirtschaft. Bd. 3271
ISBN 978-3-631-56733-3 · br. € 45.50*

Nicht nur Damenmoden, auch viele andere Konsumgüter, z. B. Sportartikel oder Handys, werden heute als Modeprodukte verkauft: Nach kurzer Verkaufssaison mit zahlreichen Produktvarianten werden die bisherigen Produkte durch die neue Mode entwertet. Die Absatzrisiken in Modemärkten sind dann sehr hoch, wenn unflexible Produktionssysteme mit langen Lieferzeiten die Nachschubplanung behindern. Die Fehl- oder Übermengenrisiken lassen sich dagegen deutlich senken, wenn agile, d. h. reaktionsschnelle und flexible Produktionsprozesse eingesetzt werden, die auf verbesserte Absatzprognosen und entsprechende Korrekturen der Nachschubdisposition rasch reagieren können. Beim Einsatz agiler Prozesse sind allerdings im Vergleich zu nicht-agilen Produktionen, z. B. in Fernost, Mehrkosten in Kauf zu nehmen. Ein optimales Risikomanagement in Mode-Supply-Chains erfordert somit die Bewältigung schwieriger Zielkonflikte zwischen sinkenden Absatzrisikokosten und steigenden Agilitätskosten. In der Untersuchung wird eine Modelltheorie entwickelt, die wesentliche Kerngebiete des angesprochenen Entscheidungsbereiches quantitativ strukturiert und einer Optimierung zuführt.

Aus dem Inhalt: Reduzierung hoher Absatzrisiken bei Modeprodukten durch Steigerung der Supply-Chain-Agilität: ein strategisches Entscheidungsproblem · Reaktionsschnelle und flexible Produktionsprozesse als Basis für risikosenkende Postponementstrategien · Verbesserungspotenziale alternativer Postponementstrategien für einzelne Modeartikel · Nutzung von Selektions- und Riskpooling-Effekten beim Produktionspostponement von Modesortimenten

Frankfurt am Main · Berlin · Bern · Bruxelles · New York · Oxford · Wien
Auslieferung: Verlag Peter Lang AG
Moosstr. 1, CH-2542 Pieterlen
Telefax 0041(0)32/3761727

*inklusive der in Deutschland gültigen Mehrwertsteuer
Preisänderungen vorbehalten
Homepage http://www.peterlang.de